汽车工业管理科学与工程丛书

汽车营销4.0：
数字化时代汽车营销新理念

[意] 埃琳娜·坎德洛（Elena Candelo） 著

梁 爽 译

机械工业出版社

本书由意大利都灵大学战略管理与市场营销教授埃琳娜·坎德洛撰写。作者系统梳理了汽车工业诞生至今的一百多年里汽车营销管理发展的4个历史阶段，系统分析了各个阶段营销管理的发展演变过程和结果。在对这些营销策略进行深入讨论的同时，还着重分析了技术创新对营销策略的影响、购买行为的变化及汽车行业的竞争结构。本书重点就目前汽车行业处于数字化转型时期营销管理的基本原则和方法进行了分析和研究，并提出了建议。本书首次提出了汽车营销管理的4个历史阶段和具体内容，以及当前应该做出何种转变才能适应市场变化，既具有现实意义，又具有一定的理论价值。

由于汽车行业具备市场营销研究所需要的所有基本要素，所以本书以该行业为研究对象，旨在为各行各业营销管理提出思考和建议。

本书适合包括汽车行业在内的从事营销和管理工作的人员阅读，还适合作为汽车爱好者了解汽车行业的参考书。

First published in English under the title
Marketing Innovations in the Automotive Industry：Meeting the Challenges of the Digital Age
by Elena Candelo
Copyright © Springer Nature Switzerland AG, 2019
This edition has been translated and published under licence from
Springer Nature Switzerland AG.

北京市版权局著作权合同登记 图字：01-2020-3020号。

图书在版编目（CIP）数据

汽车营销4.0：数字化时代汽车营销新理念／（意）埃琳娜·坎德洛（Elena Candelo）著；梁爽译.—北京：机械工业出版社，2022.3（2025.1重印）

（汽车工业管理科学与工程丛书）

书名原文：Marketing Innovations in the Automotive Industry
ISBN 978-7-111-70174-3

Ⅰ.①汽… Ⅱ.①埃… ②梁… Ⅲ.①汽车工业-市场营销学 Ⅳ.①F407.471.5

中国版本图书馆CIP数据核字（2022）第026979号

机械工业出版社（北京市百万庄大街22号 邮政编码100037）
策划编辑：母云红　　　　　　责任编辑：母云红
责任校对：张亚楠　王明欣　　责任印制：常天培
固安县铭成印刷有限公司印刷

2025年1月第1版第3次印刷
180mm×250mm·14.25印张·216千字
标准书号：ISBN 978-7-111-70174-3
定价：99.00元

电话服务　　　　　　　　　网络服务
客服电话：010-88361066　　机　工　官　网：www.cmpbook.com
　　　　　010-88379833　　机　工　官　博：weibo.com/cmp1952
　　　　　010-68326294　　金　　书　　网：www.golden-book.com
封底无防伪标均为盗版　　　　机工教育服务网：www.cmpedu.com

前　言

汽车行业的市场营销策略一直在不断发展演变。众多顶尖汽车制造商（OEM）已成功、快速地对营销策略进行了调整，以应对技术和市场需求以及竞争的变化。

现有的市场营销文献对营销策略演变的各阶段进行了分析。这些阶段包括以生产为导向（或称生产法）的阶段、以销售为导向（或称销售法）的阶段，以及以营销为导向（或称营销法，有时也定义为营销变革的结果）的阶段。

本书在对这些方法进行深入讨论的同时，还将着重对技术创新的影响、买方行为的变化及汽车行业的竞争结构进行探讨。

为什么要专门研究汽车行业的市场营销策略演变呢？这是因为，对于研究营销策略如何受技术变化、购买行为和竞争的影响而言，汽车行业具备研究所需要的所有基本要素。这是一个成熟的行业，完善的技术得以采用。但汽车行业也极易受到非预期市场需求上升和下降的影响，容易出现产能过剩。它同时拥有较高的进入和退出壁垒，以及行业内不断增加的对短期资金回报的关注。

尽管其他许多行业，如航空航天、农业机械和工业设备，也都面临着相同的变化和挑战：频繁的技术创新不断产生新的范例、周期性市场导致需求大幅波动、买方行为发生变化、新型产品带来的残酷竞争，但是，选择对汽车行业进行研究，优势在于有大量最新信息可获取，便于对大量不同规模、财务资源、组织结构的公司进行研究。

这些大量的最新信息和数据源自不同国家的不同公司（包括汽车制造商、经销商、广告代理商、供应商和物流公司）。我们对这些数据进行了混合定性分析。

首先，我们阅读了众多有关汽车行业的市场营销策略演变和创新管理的文献。在此基础上，对文献数据进行整理分析，以确定市场营销的创新和变革与行业利益相关者之间的关联。

其次，我们广泛收集各类数据，对技术创新在营销策略发展方面产生的影响和重要性进行重建。采集的数据来源包括汽车制造商的档案信息数据（如新闻稿和公司文档）、年度报告、机构网站、高层管理人员的公开演讲和现场调研（包括参观制造厂、职能单位和研究中心）。

接下来，我们访谈了汽车制造商的管理者，直接收集定量和定性数据。我们依据多项指标对受访者进行选择。这些指标包括长期任职于汽车行业（汽车制造商或其他业内公司），直接参与技术创新、营销活动或有互动，以及受访者在职责和级别上的相关性和多样性。因此，被选定的受访者都是或正在或曾经直接参与和见证这一演变的不同发展阶段，能够提供最直接的经验和看法。访谈以半结构化、开放式的方式进行。这种方式使我们有机会获得更多计划外的讨论和信息。整个数据收集过程（包括访谈和上述各种信息来源）历时 3 年（2015—2018 年）。

这项研究的最终目标是基于过去和现在的情况，对汽车行业竞争的未来发展走向（公司合并、市场分散、新入者干扰）和市场营销策略进行预测。本书着重于两个因素：技术创新的进程（尤其是数字革命的推进）及当前个人消费者和组织购买行为的改变。

针对汽车行业，本书有以下 4 个主要目标：

1）追溯和通览市场营销策略的演变及与之相关的、不可或缺的商业模型。

2）确定各阶段影响这一演变和汽车制造商应对措施的因素。

3）确定市场营销策略的各发展阶段，并将其与行业技术创新、个人消费者和组织购买行为的改变及行业结构的变化进行关联。

4）探索汽车行业市场营销策略未来可能的发展趋势，以及主要创新因素。

这项研究着眼于技术创新和市场营销演化过程中的 3 个重叠阶段。每个阶段都存在特有的驱动力和营销策略，这 3 个阶段包括机械时代（从汽车行业发展初期到 20 世纪 60 年代末期）、电子和软件时代（从 20 世纪 70 年代到 20 世纪 90 年代中期）、数字时代（始于 20 世纪 90 年代末期）。

本书第 1 部分和第 2 部分涉及机械时代，从汽车行业发展初期到大致 20 世纪 60 年代末期。

在欧洲和美国，第一批汽车购买者是热衷于创新、追求与众不同并喜欢炫耀的富人。汽车都是按照购车者的特定要求制造的。购车者通常从一个制造商那里购买底盘，并从另一个制造商那里购得车身。由于汽车是纯手工制造的，并使用不同的产品组件，所以每辆车都和其他车不同。在汽车行业发展初期，汽车制造商通过参加汽车越野赛，并在比赛中获胜而获得大众认可。通过这类比赛，动力最强劲、速度最快的汽车被挑选出来。

汽车行业发展的第一个转折点，发生于20世纪最初10年的美国。亨利·福特（Henry Ford）意识到巨大的汽车潜在市场存在于大众对负担得起的运输工具的需求。通过大量生产、形成规模化经济、降低单位成本，能够实现汽车售价的降低。大规模生产和大规模营销由此诞生。在这一阶段，影响市场营销的主要因素包括新技术的出现、经济发展（人均收入持续增长）、大众消费的来临及新企业家能力的提高。新企业家能力包括对潜在市场需求发展的认知，以及利用各个领域的技术和管理知识的能力。这一因素对市场营销的发展尤为重要。

20世纪20年代末，汽车市场营销策略的演变出现了第二个转折点。通用汽车的销量超过了福特汽车，为大众提供更具吸引力的汽车。与福特的做法相反，通用汽车把注意力集中在汽车款式、颜色和外观上。通用汽车的营销策略针对细分市场，倡导"一款适合不同钱包和用途的汽车"。这一策略的发展基于当时正在美国形成的社会阶层划分。面向不同的阶层，通用汽车提供了定价不同的产品，并通过不同的广告推广来吸引不同细分市场的潜在客户。通用汽车的庞蒂亚克（Pontiac）主打高性能，奥兹莫比尔（Oldsmobile）使用了尖端技术，别克（Buick）彰显可靠性，凯迪拉克（Cadillac）则象征车主的财富和实力。

在欧洲和日本，汽车行业的历史和市场营销战略的演变与美国截然不同。

在西欧，20世纪20年代以前，人们还没有现代意义上的市场营销概念。汽车产品主要基于委托生产，基于那些大胆的、喜欢炫耀自己社会地位的富人提出的要求。汽车耐力赛和速度赛将最佳制造商选拔出来，因此，这些比赛成为主要的宣传工具。欧洲在汽车制造上的优势地位通过美国人在欧洲购买汽车回国参赛得以确认。1905年，菲亚特90 CV在美国长岛比赛中以超过世界时速纪录1mile（1mile＝1.609km）的成绩赢得比赛。

在两次世界大战之间，营销策略在欧洲市场的演变远远滞后于美国。这是受多种因素共同影响的结果。首先，中产阶级缺乏必需的资金购置新车。而少数买得起车的客户，对个性化、动力强劲的汽车情有独钟。如前所述，他们习惯于从一个制造商那里购买底盘，并从另一个制造商那里购买车身。他们要求卓越与创新。其次，即使是在最大的市场，汽车销量也很有限。除英国以外，欧洲没有足够大的市场来吸引大量资金对组装厂进行投资。最后，整个欧洲市场被分为几个国家市场，各市场间被各种类型的壁垒阻隔。第二次世界大战之后，多年的边界关闭，同时各国政府对保护民族产业和工业传统的愿望，进一步促使欧洲汽车制造商在产品和款式上存在明显差异，并维持了很长一段时间。

20世纪50年代，欧洲各市场开始趋向于采用类似的分销方式。这归因于欧洲共同体制定的法规的推动。分销模式由此产生，并仍然存在于西欧，且几乎没有变化。源于为客户提供确保安全的汽车经销商维修服务的需要，欧洲国家允许制造商将区域独家销售权分配给经销商，要求经销商采用原厂配件，并对销售场所（设计、布局和大小）、员工资质、维修车间的设备及为客户提供服务的关键要素进行规范。在实践中，同一经销商不能为多家汽车制造商提供服务，同一品牌汽车也不能通过其他分销渠道进行销售。尽管如此，就经销商分布密度而言，这一结构仍然在各国间存在很大差异。

20世纪60年代，汽车制造商采用的三种市场营销策略的实质性差异开始在主要市场上显现，这三种市场营销策略是大众化市场（mass market）、高端（high-end）市场和利基（niche）市场（跑车和豪华车）策略。

根据市场份额的扩大，进行批量生产的制造商选择大众化市场营销策略，建立并维持规模经济和范围经济，最大限度地采用零部件标准化、高度模块化，以及制定中低价位，面向具有最大整体需求的潜在目标客户。菲亚特、雷诺、欧宝是其中最活跃的厂家。

采用高端市场策略的汽车制造商通过寻求差异化，作为收取溢价的前提。通过让买方能够明显察觉到的差异性，制造商能够更好地稳定需求、保持客户忠诚度并收取溢价。从售前售后服务质量到品牌形象，制造差异性的许多因素都与营销策略相关。众多"高端"德国品牌在那时开始涌现：宝马（BMW）、梅赛德斯–奔驰（Mercedes-Benz）、奥迪（Audi）和保时捷（Porsche）。

实行利基市场营销策略的制造商则继承了传统手工生产方法，在严酷的竞争过程中幸存下来，包括阿斯顿·马丁（Aston Martin）、法拉利（Ferrari）、兰博基尼（Lamborghini）、捷豹（Jaguar）、劳斯莱斯（Rolls-Royce）和宾利（Bentley）。它们成功地将自己的"产品概念"植入市场，使客户忠诚度保持不变。它们通过提高价格和限量生产来控制消费者准入，以增强独家感。但是，正如事实表明的那样，这种策略的缺点在于，几乎所有的利基制造商不是失去了自身的独立性，就是最终撤出市场。

在日本，传统的汽车分销由制造商直接控制，主要采取门到门的营销方式。虽然这对于制造商而言成本很高，但其优势在于可以增强其提高客户忠诚度的能力。20世纪60年代初，日本汽车制造商的营销方式出现了转折点。日本政府决定通过工业部（MITI）采取措施来促进经济发展，即对某些具有战略意义的部门进行大量投资，汽车工业就包含在其中。经济增长带来了对汽车需求的增加。到20世纪末，日本成为汽车主要生产国之一。

上述变化使日本市场的营销策略与美国和西欧的做法有很大差异。同时，在日本经济增长和技术进步（精益生产，第三范例）的环境下，营销策略受到以下三方面因素的影响：

第一方面的因素是产品之间和制造商之间在细分市场上的直接竞争。实际上，这些细分市场之间彼此隔绝，同一公司的"产品概念"从一个细分市场到另一个细分市场发生变化。

第二方面的因素是内部市场竞争的激增。这种情况的发生有两个原因。首先，许多公司被销售量的迅速增长所吸引（1950年，至少有11家公司购买了量产工厂）。其次，"产品概念"的不稳定性使得任何公司在任何市场上获得市场份额都越来越不稳固。

第三方面的因素与购车者有关。购车者大多是首次购车，购买经验有限。他们非常容易被推出的新产品所吸引。制造商之间的竞争为市场提供了源源不断的新产品，买家随即迅速放弃了一家制造商的产品，转而偏好另一家制造商的产品，进而最终选择截然不同的"产品概念"。客户品味的不稳定导致需求趋势的不稳定，缩短了产品的生命周期，限制并阻碍了公司制定中长期规划。

本书第 3 部分涉及电子和软件时代。在这段时期，营销策略在技术创新和两次石油危机的刺激下发生了深刻变化。

20 世纪 70 年代到 90 年代，汽车行业经历了飞速的技术创新，这影响了营销策略。发动机电子控制单元和燃油喷射系统在这一时期问世。同时，第一个安全气囊和能够完全媲美家用音响系统品质的车载音响系统出现。从 20 世纪 90 年代中期开始，汽车开始引入由软件连接的自动操控功能。软件时代给汽车带来了一系列升级功能，从防碰撞预警系统到自适应巡航控制系统。几十年来，汽车制造商已习惯于不断调整战略，以适应新技术的产生和应用。然而，在这 20 年中，变化因素也同样受经济影响，许多原有规则被打破。

电子和软件时代也赋予了零配件供应商更大的权力，使其发挥更重要的作用。尽管汽车零配件制造商创造了汽车价值的 70%～75%，但即使是最大的供应商也鲜为人知。汽车行业中知名度最高的是整车制造商，也被称为 OEM，它们对车辆进行组装并出售给客户。在机械时代，把数千个零配件组装成整车的公司，要比与它们合作的众多小供应商拥有更多的权力。在电子和软件时代，权力平衡发生了变化。组装厂对主要供应商的控制和压榨减弱。随着汽车的电子化，以及随后的软件控制，供应商开始发挥更大的作用。

20 世纪 70 年代见证了汽车行业的大规模生产和大规模营销的变化过程。这些变化都基于规模经济和范围经济，以及强调通过市场稳定及控制变量来实现效率。同类市场和长生命周期的标准化产品的普及已经成为过去，取而代之的是市场的差异化和分散化，以及产品生命周期的缩短。通过提高灵活性和对客户要求做出快速反应，汽车公司提供种类更多的产品，以及多元的营销组合，来满足客户对标准化产品（以低成本为特点）和差异化产品（愿意为之付出高价）的双重需要。

造成这种趋势的原因有很多，能够确定的因素包括技术创新、激烈竞争、产能过剩及不断增加的对短期财务回报的关注。但是，最主要的是经济因素：石油价格上涨，触发汽车行业的一系列变化和创新。

发生在 20 世纪 70 年代的两次石油危机，被视为引发决定性变化的转折点。危机加速了本就正在发生的改变，不仅是竞争方式的改变，社会、市场、技术和客户也同样在发生变化。20世纪70年代也是美国和西欧快速通货膨胀的时期。随着整体物价上涨（在某些年份以"两位数"的增长率增长），整车需求增长受到消费者实际收入减少的限制，调整汽车售价为营销策略带来了严重困难。在通货膨胀时期，市场营销组合的各要素发生了变化，包括产品概念（如新型发动机、提高汽车空气动力性以增强燃油经济性、减小轮胎滚动阻力）、产品组合（降低消费、选购小型车）、定价政策（不再把历史成本作为定价依据，而是基于补货成本）和广告（需要突出产品寿命和价格价值比，淡化奢侈品的产品形象）。汽车行业的整体趋势是朝着小型化汽车发展。

在美国，汽车"三巨头"的市场份额也有所下降。美国政府制定了旨在减少汽油消耗的法规，使得日本和欧洲汽车制造商占据有利位置。一直以来，欧洲、日本的汽车产品尺寸相对较小，而最重要的是它们更加省油。美国的汽车制造商，特别是通用汽车，对汽油价格的上涨做出了错误的反应：它们尝试清理小型汽车项目，并建议继续"老式"高油耗车的生产。这一营销策略使消费者产生很大困扰，它们更愿意转用日本制造商的产品。

20世纪70年代初期的石油危机发生之时，日本正处于汽车制造商的战略部署再次发生变化的阶段。尽管有政府协助，但日本本土市场已经饱和，为此，本田（Honda）、日产（Nissan）和丰田（Toyota）都加大了投资，扩大对海外市场的渗透，其中大部分产品出口到美国。这一成功不仅源于车辆燃油效率的提高，还来自于基于以下三方面的明智的营销策略：在美国制造商忽视的细分市场上攻占市场中的"盲点"；"了解客户心声"，以便及时了解消费者行为的变化；以极大的耐心建立分销网络。这一切都和获得客户对产品质量认可的能力、周到的售后服务、主动和被动车辆安全、减少对大气有害的排放物密不可分。美国制造商对此做出激烈的反应，来限制日本制造商的发展。它们要求并争取到美国政府介入，对日本进口车辆的数量加以限制。日本制造商减少小型汽车出口，致力于那些能够带来更高利润的"高端品牌"，包括雷克萨斯（丰田）、英菲尼迪（日产）和讴歌（本田）。

在欧洲，20世纪70年代的两次石油危机对营销策略产生了两方面深刻而持久的影响。一是消费者变得更具有成本意识。在经历一段时间的惊诧和犹豫之后，消费者很快意识到他们的购买力下降这一现实注定将长期存在。因此，汽车制造商被迫重新审视整体营销组合。二是为一批汽车制造商奠定了基础，使其能够在随后的几十年中主导整个汽车行业（就盈利能力和技术创新而言）。此前在各自利基市场占据主导地位几十年的跑车和豪华车品牌，在石油危机中被摧垮。很明显，它们在研发和车辆安全方面已经落后。另外，它们要求的高消费水平，也使其落于人后。经过一段时间的"观望"，德国制造商奥迪、宝马、奔驰和保时捷通过新技术、强大的品牌形象、合理的定价政策，成功地将其"高端品牌"定位于高端细分市场。

随着消费者行为的改变和竞争加剧，许多汽车制造商提供差异化产品的能力迅速而持续地减弱。在这之前的 20 年中，这一能力使得汽车制造商实现相对稳定和高效。更为重要的是，曾经有效的细分手段，已经部分丧失效率。但是，电子技术的进步拯救了这一切。在过去的几十年中，营销人员成功地缩小关注范围，并选择合适的产品元素，使得汽车制造商能够设计和生产出对细分市场更具针对性的产品。20 世纪 70 年代后期，由于信息技术的出现，汽车生产可以细分到针对个人需求。"个人细分"（segment of one）一词由此诞生，诠释了制造商追踪、了解和解读个体客户行为的能力。得益于电子技术的进步，捕获数据的可能性提高，数据存储和大型数据库管理的成本大幅降低。

这些进步使营销策略产生了进一步的发展。主流汽车制造商开始扩大其品牌组合的涵盖范围。在降低平均成本需求的驱动下，它们进一步扩展拥有的车型，从而进入新的细分市场。

与面向个人销售相同，面向机构销售汽车产品的历史也可以追溯到汽车工业发展的早期。租赁车队在 20 世纪的第一个 10 年进入汽车行业。到 20 世纪 70 年代，在汽车整体需求的推动下，面对组织机构进行营销的市场有了新发展。与此同时，客户类型也成倍增加，除租赁车队以外，还出现租赁公司和经销商网络。在这种情况下，电子技术的进步也对汽车制造企业与其客户之间、各企业之间的关系产生重大影响。与租赁车队的合作已成为制造商发展策略不可或缺的部分。对于 50% 以上的销售份额来自租赁车队的制造商而言，保持和租赁车队的稳定关系，就意味着与生产有关的各个项目、新产品开发计划及最为重要的市场营销保持稳定。

到 20 世纪 90 年代，一些在过去几十年中出现的趋势更具影响力，并推动营销策略进一步变化。这些趋势包括批量生产过程出现限制，市场的同质性再次减少，市场需求变得更加不稳定。主要市场的饱和促使交易各方之间谈判能力的转移，从卖方市场向买方市场过渡，从卖方"统治"市场转向买方"统治"市场。新技术和新生产方法的引入降低了需求稳定性。精益生产使少量、高质、计算机集成制造的成本降低，从而使设计和生产更多种类的汽车变得更为经济有效。

汽车工业的大环境在不到 10 年的时间内发生了变化。基于稳定性和需求控制的大规模生产的旧有规则不再具备可持续性。异构市场和分散市场出现，进而取代同质市场。与此相对应，使用标准化和长生命周期产品，也被多样性和产品生命周期短的产品所代替。汽车制造商开始应对"大规模定制"。与批量生产通过规模经济实现成本降低不同，在大规模定制中，降低成本主要通过实现范围经济而获得。换言之，单个产品或服务的最低单位成本在大规模生产中通过大批量生产实现；在大规模定制中，则通过将固定成本分摊到多种产品和服务上实现。大规模生产通过提供低成本产品来增加需求，大规模定制则通过提高制造商满足众多客户具体要求的能力来实现需求增长。

20 世纪 90 年代中期的西方市场，随着工业和技术的发展，竞争优势发生转移，从上游业务转向下游业务。信息中介开始出现。如 Autobytel.com 网站，它从整车制造商手中夺走了分销领域的控制权，并赋予消费者更多的权力。市场竞争的重心向下游领域转移，因此也转向市场营销，这使得许多旧有规则被修改，也为新竞争者进入市场铺平了道路。

汽车工业抵制住了这些威胁，它对价值迁移造成影响的适应性比预期要强。但对于各主流汽车制造商的管理层而言，很明显，这种变更需要对重要的战略问题做出回应，例如："新的数字基础设施的边际利润在哪里？""我们如何才能重塑业务，以便能够比竞争对手更好、更快地利用这一新的机遇？"。对这些问题的回答，都涉及对新的数字技术的吸收和整合。

21 世纪初期，汽车行业的转型已经很明显。信息技术作为工具，在市场营销研究和其他几个主要方面发挥重要作用，包括从采购到产品设计、从物流到制造、从营销到售后服务。产品会被更好地设计和制造,客户反应和期望能够被快速理解和分析,汽车产品变得更加可靠、维护变得更少、极少需要修理。

第4部分涉及数字时代,这一时期的特征是突破性技术的创新,行业战略发生深刻变化。

在21世纪到来之际,数字化转型正在打破营销策略规则。汽车领域的工业技术革命是如此剧烈,以至于"瓦解""破坏"这类词频频使用。在汽车行业,潜在的瓦解是各方面因素共同作用的结果:越来越多的数字技术、共享出行平台(优步、来福车、滴滴),电动汽车(特斯拉)和自动驾驶(谷歌、苹果)。遭到破坏的公司不一定会消失。由谷歌公司率先推出的自动驾驶汽车,可能会在20~30年内成为主要的交通方式。这可能彻底改变现有的交通方式,但传统汽车注定会与之并存。

因为技术以指数级的速度发展,"破坏者"必须选择最合适的时机进入市场或彻底改变策略。在技术创新的历史过程中充满了这样的例子:潜在"破坏者"可以提供优于竞争对手的表现,但却无法确定合适的时机进入市场。最终如何应对这种中断?第一步是预测新的破坏性商业模式对消费者行为的影响。第二步是评估新模式的影响范围,并估算有多少消费者可能转向使用新产品,即在汽车工业中,有多少消费者会使用无人驾驶汽车。第三步是将这种对破坏性商业模式影响进行的分析扩展到相关部门。例如,对于汽车行业,这一分析需要扩展到供应链和分销渠道。

在21世纪第一个10年,面对数字经济的进步,传统汽车制造商做出了重要的初步应对。对即将到来的未来,它们开始做好准备,成为"交通解决方案提供商",而不再仅仅是车辆制造商。

在新的数字技术的推动下,汽车制造商的营销策略出现一个新突破点。数字技术极大地提升了营销的范围、速度、便利性和效率。这一平台改变和破坏了汽车工业传统价值链,为关联体系变化提供可能性。在数字时代的更高级阶段,技术进步产生的优势实际上并没有影响供给方面,而是影响了需求方面,并产生了显著的规模经济和网络效应。

这些新技术促进了网络参与者之间的交流和数据交换,吸引更多的参与者进入平台（所有者、供应商、生产者和消费者），形成更大的网络，从而增加需求和供应之间的交易。具备充分利用平台优势的企业很快对汽车行业的传统企业构成威胁。

新竞争者摆脱先前的壁垒，迅速进入市场，提出了一种新型的"基于人群的公私伙伴关系"，包括优步（Uber）、来福车（Lyft）和BlaBlaCar。特斯拉的出现也给传统汽车制造商带来了威胁。

近年来，数字营销在汽车行业中取得了巨大的进步，但汽车制造商对这些技术进步反应迟缓。本书对其原因进行了分析。

在21世纪第一个10年的后半段，向数字化转型重写了营销规则，新的营销策略应运而生。如今，汽车客户已与往日大不相同。他们在搜寻数据和购车的行为变化很快，并且越来越多地使用数字媒体。

汽车制造商可获得的数据量也有所增加，因此也出现了如何快速选择真正有用信息的问题。对于汽车制造商来说，了解受众及其在购买过程中的行为尤为重要。鉴于潜在客户能够在网上找到大量产品的相关内容，在访问经销商之前，他们就会做出许多与购买过程有关的决定。能够在网上找到的营销内容，对他们做出的决定影响很大。此外，对于汽车制造商而言，仅专注于其当前的目标客户还远远不够，还需要了解那些依赖信息消费并以数字方式与品牌打交道的人。

数字技术的发展也标志着转变和扩展营销"7P"的需要。"7P"包括产品、地点、价格、促销、人员、过程和物证。汽车制造商需采取和扩展前所未有的方式，把有形和无形资产结合起来，创造价值。新技术使核心产品的改变和扩展成为可能。从21世纪初开始，汽车制造商开始重新定义其价值主张。他们转向"销售个人交通解决方案"，而不是"仅出售"汽车。现在，客户通过网络参与产品的创建过程。在定价领域，透明度增加使得价格下行压力增加。关于地点，客户与经销商之间的关系难以更换。因此，鉴于许多客户倾向于在线搜索车辆，甚至在他们考虑拜访经销商之前就做出决定，制造商转向通过增强现实和虚拟现实来向潜在客户展示其产品功能。在促销方面，数字时代开辟了新的沟通渠道。广告、促销、宣传、公共关系及公司交流的其他众多方面，在某种程度上已经过时。在数字时代，客户可以获得大量有关产品的信息，"权力向他们转移"。他们不仅能从制造商或中间商那里获得信息，还能通过网络从其他消费者那里获得信息。客户注意和知晓的信息越来越少地依赖于公司自身的宣传。

在21世纪20年代前夕，对于"数字化转型"概念的讨论在汽车行业内越来越频繁，使经济各领域的竞争产生了深刻的变化。我们对当前汽车行业的特定趋势进行分析，目的是对营销策略迈向21世纪30年代的发展进行展望。

三股力量共同起作用，创造了新的数字世界。按时间顺序，第一股力量是指数级增长并且成本不断降低的计算机功能。第二股力量是随着网络的发展，网络的价值不断增加。第三股力量是使用云计算技术，更多数据以更低的成本传输。面对以指数级速度发生的技术变革，公司的反应速度要慢得多。填补或缩小差距是管理层面临的主要挑战。

此外，在汽车行业，四个创新趋势值得特别关注：注重出行服务而非拥有车辆；对配有连通性功能的汽车的需求增加；自动驾驶；电动汽车。

在欧洲、美国的主要城市及其他国家的超大城市，汽车交通对环境的影响和交通拥堵造成的时间浪费降低了人们，特别是年轻人，对拥有汽车的渴望。随着科技优势的增加，人们对出行服务的需求增加。出行服务产品主要由优步、来福车、ZipCar、BlaBlaCar和滴滴主导，提供便宜好用的服务。有些传统制造商也会与合作伙伴合作提供出行服务，而有些制造商则成立了专门的组织部门。我们可以进行合理预测，移动服务将对汽车销售产生负面影响，因为这会降低品牌忠诚度。

第二个趋势是对配有连通性功能的汽车的需求增加。连通性促进了移动服务的使用，因此扩大了对它们的需求，连通性也为制造商开展新业务模式提供了更大的可能性。连通性提高的趋势导致多个运营商协作，因为消费者需要两种服务连续，最重要的是快速响应的时间。

自动驾驶是一个有趣的话题，这种趋势将经历几个演变阶段。在前三个阶段，车辆的控制权掌握在驾驶人手中，由自动系统辅助。这些阶段是强大的营销工具，因为驾驶人见证了自动驾驶作为提高驾驶安全性的要素，并准备为此付费。从高度自动化到全自动化的演变，所需的时间和市场需求两个方面都很难预测，但是几乎所有的汽车制造商都对此进行了大量投资。本书试图对此风险投资决策进行解释。

最后的创新趋势因交通密度、污染增加和噪声而产生。它涉及世界上大部分地区对电动汽车的需求。本书对电动汽车的优缺点进行彻底、全面的分析和讨论。汽车制造商投资于低二氧化碳排放量的产品线，以满足政府和一些客户的要求。但是，从传统燃油汽车到电动汽车的过渡（如果发生）将会很慢：在此过渡时期，可以采取哪些策略呢？

在这个向数字化转型的时代，没有公式来定义营销策略。但每个公司都应该分析三个具体问题，以找出独特的解决方案。消费者的欲望正在增加，以至于被描述为"不合理的期望"。这些习惯于自动响应的消费者期待以相同的速度来得到他们想要的汽车，无论何时、无论提供产品的人是谁。如果他们想要得到按订单生产的汽车报价，他们期望得到快速的响应，即使是对产品提出最个性化的特定要求。

客户回应变得越来越具有挑战性，尤其是在创新浪潮介入的情况下。车载仪表已得到改进：语音激活功能、人工智能（AI）和增强现实（AR）均得到了应用。问题在于，在设计阶段要了解哪种技术可以带来优势，从而切实赢得客户的认可和赞赏。要分析的第二个问题是被数字革命重新定义了的竞争环境。跨界竞争带来的压力显著增加，如谷歌、苹果等。而且，一些汽车制造商在某些领域彼此竞争，但在其他领域则是合作伙伴。第三个问题在于了解数字营销将如何融入公司的业务模式，以及在这个过程中需要做出哪些改变和如何实施。大数据必须受到管理，竞争优势的性质可能改变，新价值提案需要被提出，对新的组织结构和文化的需求增加。

本书最后一章的最后部分强调了在未来 10 年之内，需求、竞争结构和汽车行业的参与者将与现今的情况大不相同的可能性非常大。在试图预测未来营销策略走向时，有一点很重要，即谨记我们可能面临根本性创新，而不是过去很长一段时间以来发生的渐进式创新。

在数字化转型的压力下，传统汽车制造商必须对其营销政策和策略进行广泛的调整。它们必须维护传统业务部门，开辟新的部门，并将传统与新型商业模式、新旧技术相结合，特别是当它们在许多地理区域有业务时。产品和过程的权威标准还没有出现，政府的政策还不够清楚和明确，品牌的价值正在发生变化，成本和不确定性正在增加，数字时代正在挑战整个行业的里程碑，因此需要规划新的定位策略。

我们是否可以有理由相信"一台新机器将再次改变世界"？本书得出的结论对汽车行业的近期发展做出了解释。

在即将完成对多年研究工作的介绍之时，我要感谢给这项研究提供支持和帮助的人。他们包括汽车行业中的最高管理者，他们慷慨、无保留地将自己的知识传授给我，为我打开他们的商业之门；来自不同行业的经理人，他们接受我们的访谈；参加问卷调查的人；那些阅读我的草稿并给我提出意见的人；教我知识并教导我保持好奇心的大学教授们。

埃琳娜·坎德洛（Elena Candelo）
意大利都灵大学战略管理与市场营销教授

目 录

前言

第 1 部分　机械时代：20 世纪 50 年代之前

第 1 章　先锋：赛车作为主要销售推广工具　// 003
　　本章摘要　// 003
　　1. 在欧洲发明　// 003
　　2. 美国引领潮流　// 005
　　3. 主导设计和集群化生产　// 006
　　参考文献　// 008

第 2 章　第一范例：大规模生产和大众营销　// 009
　　本章摘要　// 009
　　1. 正确的目标客户　// 011
　　2. 合适的产品　// 011
　　3. 新技术　// 011
　　4. 有动力的员工　// 012
　　5. 大众负担得起的价格　// 012
　　6. 市场营销中的"天才"　// 013
　　7. 放弃直接销售　// 013
　　8. 广告和促销　// 014
　　9. 自满　// 015
　　10. 范例的概念　// 015
　　参考文献　// 017

第3章 汽车市场的转变 // 018

　　本章摘要 // 018

　　1. 通用汽车：新的营销理念 // 019

　　2. 分水岭：迈向"大众市场" // 022

　　3. "为每一个钱包和用途设计的汽车" // 024

　　4. 第二范例：多产品大规模营销 // 025

　　参考文献 // 026

第4章 20世纪30年代：欧洲在营销策略方面落后 // 027

　　本章摘要 // 027

　　1. 带来愉悦感觉而非实用性的物品 // 028

　　2. 市场营销尚未形成 // 029

　　3. 20世纪20年代至30年代：新的开始 // 030

　　4. 探索新途径 // 032

　　参考文献 // 035

第2部分　20世纪60年代：迈向融合

第5章 浴火重生：欧洲出人意料的强劲复苏 // 039

　　本章摘要 // 039

　　1. 市场营销中的国家认同 // 040

　　2. 市场营销策略的重大差异 // 041

　　参考文献 // 043

第6章 美国的"黄金时代"：从阶层市场到个人市场 // 044

　　本章摘要 // 044

　　1. 设计的重要性："款式先于功能" // 045

　　2. 按尺寸细分 // 046

　　3. 消失的传统营销策略 // 047

　　参考文献 // 048

第 7 章　日本制造商的经验：第三范例　// 049

本章摘要　// 049

1. 门到门的销售方式被取代　// 050
2. 对营销策略的重大影响　// 050
3. 精益生产：第三范例　// 052
4. 同一生产线生产更多产品型号　// 052
5. 顺序细分策略　// 053

参考文献　// 054

第 8 章　全球化的曙光　// 055

本章摘要　// 055

1. 产品增值：第一波浪潮　// 055
2. 欧洲市场的分销新规则　// 056
3. 相同的行业结构，相同的策略　// 057

参考文献　// 058

第 9 章　成功的秘诀　// 059

本章摘要　// 059

1. 通过提高产量盈利　// 060
2. 创业愿景　// 060
3. 垂直营销系统　// 061
4. 先行者和进入壁垒　// 061
5. 竞争对手的选择　// 061
6. 对变化进行管理　// 062

参考文献　// 062

第 10 章　市场营销学：开端　// 063

本章摘要　// 063

1. 市场营销学的起源　// 063
2. "想想小的好处"：广告上的突破　// 064
3. 动机研究的兴起　// 065
4. 联合分析　// 066
5. 广告效果　// 067

参考文献　// 069

第 11 章　营销进程：一个永无止境的故事　// 071

　　本章摘要　// 071

　　1. 斯隆的《我在通用汽车的岁月》　// 072

　　2. 莱维特的《营销短视症》　// 073

　　3. 安索夫的产品/市场矩阵　// 074

　　4. 博登的营销组合概念　// 074

　　5. 安德鲁斯的 SWOT 分析　// 075

　　6. 学习曲线　// 076

　　7. 投资组合管理的兴衰　// 077

　　8. 迈向数据应用的重大转变　// 079

　　参考文献　// 081

第 3 部分　电子和软件时代：迅速发展的领域

第 12 章　第一次石油危机的冲击：生产和营销的转折点　// 085

　　本章摘要　// 085

　　1. "三巨头"失去了市场份额　// 086

　　2. 倾听客户的心声　// 087

　　3. 西欧：竞争的两个持久影响　// 088

　　4. 贸易战：日本"高端品牌"的崛起　// 090

　　5. "世界汽车"缺乏成功经验　// 090

　　6. 新的细分模式　// 091

　　7. 产品线多样化的风险　// 094

　　8. 走在前列的组织购买行为　// 095

　　参考文献　// 098

第 13 章　大规模定制：营销的另一项突破　// 099

　　本章摘要　// 099

　　1. 变化的三个主要因素　// 099

　　2. 向批量定制转变　// 102

　　3. 了解人与车　// 107

　　参考文献　// 108

第 14 章 为创造价值新模式做好准备 // 109

本章摘要 // 109

1. 现实已经开始 // 110
2. 向下游转移 // 112
3. 经受住变革之风 // 112
4. 寻求制胜法宝 // 114
5. 确定竞争对手 // 116

参考文献 // 117

第 4 部分 数字时代：营销方式的变化

第 15 章 颠覆是否正在破坏汽车制造商的世界 // 121

本章摘要 // 121

1. 先行者 // 122
2. 颠覆源 // 123
3. 预测颠覆 // 126
4. 汽车行业的"颠覆者"有什么共同点 // 129
5. 确定合适的时机 // 130
6. 如何应对颠覆 // 131

参考文献 // 135

第 16 章 平台层面上如何重塑汽车市场营销管理 // 136

本章摘要 // 136

1. 清算之时 // 137
2. 思考营销的新方式 // 138
3. 数字技术渗透管理实践 // 139
4. 平台的崛起 // 140
5. 解构价值链 // 141
6. 网络效应的力量 // 142
7. 汽车行业前路坎坷 // 143
8. 反应迟缓的原因 // 144

参考文献 // 145

第 17 章　数字技术正在改写市场营销旧规则　// 146

　　本章摘要　// 146

　　1. 汽车制造商脆弱时期的营销　// 146

　　2. 市场营销研究的基调变化　// 149

　　3. 营销组合中的传统突破：从 4P 到 7P　// 151

　　参考文献　// 161

第 18 章　创新与汽车行业的数字化转型　// 163

　　本章摘要　// 163

　　1. 数字化转型正在加速并且影响深远　// 163

　　2. 变化率是关键挑战　// 165

　　3. 塑造汽车行业的意外趋势　// 168

　　4. 通往自动驾驶的道路　// 171

　　5. 电动汽车：它们是否会带来自 iPhone 以来最大的产业颠覆　// 176

　　参考文献　// 183

第 19 章　迈向 21 世纪 30 年代：非凡的时代召唤非凡的策略　// 185

　　本章摘要　// 185

　　1. 了解客户：消费者背景正在改变　// 186

　　2. 了解竞争：竞争环境正在改变　// 189

　　3. 了解业务：公司环境正在改变　// 194

　　4. 漫漫长路　// 198

　　参考文献　// 203

第 1 部分

机械时代：

20世纪50年代之前

汽车营销 4.0
数字化时代汽车营销新理念

第 1 章 先锋：赛车作为主要销售推广工具

> **本章摘要**

19 世纪末，欧洲人率先设计、制造并出售了第一批汽车。但是，汽车的大批量生产及大规模营销却发生在美国。事实上，美国在 20 世纪初已成为全球最重要的汽车制造国。这主要得益于福特（Ford）汽车公司在 1908 年将 T 型车推向市场。在欧洲和美国，第一批汽车都是售给那些热衷于创新、与众不同、喜于炫耀的富人的。这些车辆依照购车者的特定要求制造，通常从一个制造商（OEM）那里购买底盘，从另一个制造商那里购买车身。首批引入市场的汽车经常出现故障，因此汽车耐力赛成为筛选最可靠汽车结构的主要手段。在这一时期，还谈不上现代意义的市场营销。但当今汽车行业的许多重要特征都可以追溯到这一时期，其中最重要的是汽车主导设计和集群化生产，它们的重要性在那时便开始凸显。

毫无疑问，在新产品引入市场阶段，市场营销策略本应依靠大量的广告和促销活动来培养产品意识和刺激销售。然而，各类汽车赛事（无论是耐力赛还是速度赛）却是当时的主要促销手段。

1. 在欧洲发明

19 世纪的最后 20 年内，尼古拉斯·奥托（Nicolaus Otto）、卡尔·本茨（Carl Benz）和戈特利布·戴姆勒（Gottlieb Daimler）在德国分别开展了相似但各自独立的研究。他们开发了四冲程汽油发动机,因此被公认为现代汽车的发明者。1877 年,奥托制造出四冲程发动机,为现代汽油燃料发动机奠定了基础。1866 年,本茨完善了奥托的发明,将单缸发动机改装在三轮车上,并申请了"奔驰一号(Patent Motorwagen)"专利。在随后的几年内,戴姆勒和迈巴赫(Maybach)在不了解本茨发明的情况下,对奥托的四冲程发动机进行进一步微调,并安装在四轮车座椅的下方。

1900 年,法国是四缸发动机汽车的主要生产国。许多小型企业被新发明所吸引,纷纷以高成本生产出车速缓慢且性能不可靠的汽车。如今,这些小企业中只有个别公司的名字仍为人所知,如布莱里奥(Blériot)、潘哈德·勒瓦索尔(Panhard Levassor),以及西斯帕罗·苏扎(Hispano Suiza)。其中一些以自行车制造商而出名,如标致(Peugeot)(Lottman, 2003)。潘哈德·勒瓦索尔和标致生产由戴姆勒和迈巴赫授权的发动机。它们看出这一德国发明的无限潜能,并设法向前推进。由潘哈德公司带来的一些创新仍然是当今汽车的标准配置,如采用四缸发动机、将发动机安装在车辆前部而不是座椅下方、用转向盘而不是操纵杆驾驶汽车、采用后轮齿轮传动装置及离合器接合换档(Rubenstein, 2014)。

第一批汽车均为手工制作,每辆车都由人工单独制造而成。由于用来构建汽车的组件存在差异,所以同一制造商生产的每辆汽车也有所不同。所有汽车都以底盘为基础(汽车底盘承载所有其他零部件),发动机、变速器、车轴和车轮等部件都安装固定在底盘上。早期的车主先购买底盘,然后从专业的车身制造商处购得车身。使用一段时间后,他们会用更现代的车身替换原有的车身。这种做法在英国相当普遍(Nieuwenhuis and Wells, 2015)。在汽车工业早期的后几年,随着一些供应商能够快速提供发动机、变速器、车轴和其他组件,行业标准化首次出现,并使批量生产成为可能。在法国,情况尤其如此。

速度是最大的吸引力。相比传统的马车运输,早期的铁路发展(1840 年)为大众带来更快速度的体验。而最早驾驶汽车的人,向所有人展示了汽车的魅力:能快速到达他们想去的任何地方。汽车唤起了人们的梦想,汽车所经之处,总会聚集一群好奇的旁观者。尽管汽车使道路交通有更大的危险并带来越来越多的不当驾驶行为,但制造商和经销商仍不遗余力地销售汽车(McCarthy, 2007;

Epstein，1928；Rae，1965）。

汽车竞赛（速度赛和耐力赛）被用作推广和销售汽车的手段。汽车竞赛对汽车的速度和耐力进行测试，也吸引了众多观众。由于首批汽车经常发生故障，汽车耐力赛能甄选出动力性最好、性能最可靠的车型，并向买得起汽车的人展示哪些车是最好的。汽车竞赛无疑起到了巨大的宣传作用，在汽车竞赛上获奖即意味着销售。新产品爱好者都想把自己塑造成冒险家，并拥有象征财富和卓越生活方式的符号。在 20 世纪最初的几年，当时美国最富有的家庭之一的成员威廉·范德比尔特（William Vanderbilt）及其他许多富人，都习惯于从欧洲购买汽车参加美国的汽车竞赛。这正是欧洲在汽车制造上具有优势的佐证。

2. 美国引领潮流

同欧洲一样，美国生产的第一批汽车也不具备可靠的性能，而且价格昂贵。同样地，这些汽车也是按照少数能支付高昂价格客户的要求制造的（用今天的话说就是高端定制）。它们由热爱冒险的富人驾驶，只因为他们想显示自己是新技术的先驱者。

当时的领先公司认为投资一项和自身业务不相关的新技术存在风险，所以忽略了对新兴的汽车行业进行投资。它们的地位逐渐被小型企业、新技术爱好者和机械专家所取代。这些取代者大多来自当时与运输相关的行业：自行车和长途旅游车制造商。在汽车工业的萌芽阶段，汽车零配件由许多小作坊生产制造，并由整车制造商进行组装。这些小作坊因为规模小，难以确保产品的延续性，并且多数出现了财务方面的问题。

强劲的经济增长和其他各领域的发展推动了汽车这项欧洲新发明的发展。事实上，20 世纪初是美国科技和文化飞速发展的时期。但是，与成熟的大众市场还相距甚远。在 1900 年的美国，没人能想到会出现汽油动力车的大众市场（Farber，2002）。

正如法伯（Farber）在《斯隆规则》（*Sloan Rules*）一书中回顾的那样，人们对英语进行了重组，创造了可以用来描述新产品性能的词汇。这些词汇很多来自法语，诸如底盘（chassis）、豪华轿车（limousine）、车库（garage）、专职驾驶人（chauffeur）和汽车（automobile）（Farber，2002）。

汽车赛成为产品推广工具。与欧洲相同，汽车赛在美国也是产品推广的主要形式。城市间比赛或坡道赛迅速流行开来。亨利·福特（Henry Ford）知道如何充分利用这一点。美国的第一场汽车赛在20世纪初的密歇根湖附近举行。在暴风雪中，获胜者以每小时平均行驶不到7mile（1mile=1.609km）的速度赢得比赛。这场赛事后，许多比赛紧随其后，激起了公众的极大热情，引起了广泛关注（Landes，2008）。

亨利·福特是一位成功的赛车手。他把自己的汽车改造成比赛用车，并赢得了多场比赛。他的成功很大程度上归功于他所驾驶的汽车性能稳定可靠。他制造的汽车轻便耐用，与当时其他制造商生产的机动车辆不同——那些车不但笨重，而且不适合在崎岖不平的道路上高速行驶。由于生长在农场，在设计和制造汽车时，福特把农民如何使用汽车作为考虑重点，而不是针对那些想要豪华车的人（Landes，2008）。

3. 主导设计和集群化生产

当今汽车行业的许多重要特征，都源自汽车工业的早期。在那一时期，汽车主导设计和集群生产的重要性已体现出来。

(1) 主导设计

如厄特巴克（Utterback）所述，主导设计是出现在新型装配产品产业中的一个典型现象（Utterback，1994）[1]。

早期的先驱者向市场发布和引入新设计、新产品时，汽车市场和汽车行业都还处于发展的不稳定状态。制造商和客户都在摸索、学习。在财务壁垒和技术壁垒很低的情况下，许多新公司被创新所吸引而进入市场。行业中的现有企业和新进入的企业都在不断完善其初始产品，并逐渐汇集成通用的解决方案。这种情况

---

[1] Utterback，(1994) 对主导设计的定义如下：一个产品类别的主导设计是赢得市场认可的设计，是竞争对手和创新者必须坚持的设计，这将使其得到大量市场追随者的认可。

一直持续到"某些设计最终以'主导设计'的形式呈现。一旦主导设计出现，竞争的基础就会发生根本变化"（Utterback，1994）。在主导设计被永久确立后，行业中的企业数量会持续下降，达到相对稳定状态。成功的企业通常是那些从一开始就进入汽车行业的企业。

厄特巴克强调指出，在行业发展的萌芽阶段，新产品的创新为一家或几家公司创造了临时的垄断地位，这符合熊彼特（Schumpeter）的"创造性颠覆模型"的概念，与创新经济研究中的连续发展理论相符。

汽车行业早期的成功故事充满了主导设计的案例。在竞争中获胜的汽车配置包括内燃机、配有轮胎的四轮设计、钢制结构和用于起动设备的车载电气系统。

从一开始，发动机就是汽车最重要的部件。20世纪早期，以蒸汽机、电动机和汽油机为动力的车辆都在市场上流通。由于使用了在铁路运输和农业机械中已经发展成熟的技术，以蒸汽机提供动力的汽车比汽油机汽车更容易制造。但是，在汽车应用方面，蒸汽机汽车因为太重、需要很长时间才能完成加压（需要半个小时左右），很快就被淘汰。那些由电动机提供动力的汽车，因为动力不足，无法在泥泞、连接性差的乡村路面上行驶，仅在城市里普及。电动机的电池相当笨重，并且每行驶 20～30km 就必须充电。内燃机之所以出现，是因为它在解决汽车构造和车内燃料（汽油或柴油）传输方面具有优势，以及其他替代技术的局限性。车速的不断提高，逐渐促使汽车悬架和转向盘的改进，以及轮胎的推广使用。

（2）集群化生产

汽车行业早期出现的第二个特征，证明了技术发明与工业环境息息相关。汽车行业的先驱（奔驰、戴姆勒和迈巴赫）尽管都在德国，却各自独立经营。20世纪初期，近半数美国生产的汽车都在密歇根州南部组装。这里汇集了众多机械师和技术人员，他们精于设计制造以下三种重要汽车组件：用以驱动车辆行驶的发动机、用以将发动机的动力转换为车辆移动的动力传动系统，以及足够牢固、可以运载乘客和安装发动机的底盘。所有这些技术问题都可在这些位于密歇根州南部的公司中得到解决。因此，这一地区吸引了众多成功的汽车制造商（Rubenstein，2014）。

这种来自同一行业的公司聚集在一个有限地区进行生产的现象称为"集群化"。小公司也可以通过与大公司紧密合作，借助大公司保持规模经济。小公司既易于获得熟练劳动力，又能获得供应商提供的零配件，因此具有很大优势。小公司既可以享受到大公司的规模经济，又无须承担大笔资金投入带来的风险，也没有障碍限制其快速适应需求变化。

第二次世界大战后，丰田（Toyota）生产系统的成功在一定程度上得益于它所在的地理位置。丰田公司在日本的主要工厂位于名古屋附近的丰田市，那里是典型的供应商和制造商"集群化"生产地。凭借几英里之外的主要供应商，丰田得以实现按需选择零配件，并确保它们在需要的时间（Just in Time，JIT）到达装配线。

参考文献

Epstein R（1928）The automobile industry: its economic and commercial development. A. W. Shaw Company, Chicago.

Farber D（2002）Sloan rules: Alfred Sloan and the triumph of general motors. The University Chicago Press.

Landes D（2008）Dynasties: Fortune and misfortune in the world's great family businesses. Penguin Random House.

Lottman H（2003）Michelin men: driving an empire. I. B. Tauris, London.

McCarthy T（2007）Auto mania: cars, consumers and the environment. Yale University Press.

Nieuwenhuis P, Wells P（2015）The global automotive industry. Wiley, London.

Rae J（1965）The American automobile: a brief history. University Chicago Press.

Rubenstein J（2014）A profile of the automobile and motor vehicle industry. Business Expert Press, New York.

Utterback J（1994）Mastering the dynamic of innovation. Harvard Business School Press.

第 2 章 第一范例：大规模生产和大众营销

> **本章摘要**

在20世纪最初的10年，汽车销售向大众营销的转变发生在美国。亨利·福特意识到大众负担得起的交通工具具有巨大的市场潜力。通过大量生产相同的汽车产品，利用规模经济的优势，降低单位产品成本，汽车的价格可以保持在低位，大规模生产和大众营销应运而生。对于市场营销，亨利·福特认为，客户想要的是可接受的价格。他意识到这种方法可能会导致价格螺旋式下降，即较低的成本导致价格降低，而后者会带来更大的销量，进而促使成本进一步降低。就生产过程（组装）和产品而言，大众对创新的诉求使品牌声誉得以保障。但是，亨利·福特无视变革的推动力，没有意识到成功的规则正在改变，也没有根据消费者购买行为的变化而调整营销策略。消费者期待的是新款车型。但亨利·福特确信自己的选择，坚持使用过时的生产和营销策略。当其他汽车制造商寄希望于大众工资的增加，以及对汽车的兴趣增长，亨利·福特却仍将业务限定于以低价出售的大众化产品。基于这一营销策略，他丧失了行业竞争力。

在20世纪前10年的末期，福特汽车公司在生产和营销方面极大地改变了汽车行业的结构和发展动态。用克里斯滕森（Christensen）创造的现代语言来说，亨利·福特才是真正的"颠覆者"："T型车……引发了汽车行业颠覆性增长的第一波巨浪"（Christensen 和 Raynor，2003）。

在克里斯滕森的另一本书《创新者的困境》（*The Innovator's Dilemma*）中，他对"维持性技术（sustaining technology）"与"颠覆性技术（disruptive technology）"进行了区分。"维持性技术"帮助企业改进现有技术，而"颠覆性技术"则是出人意料的技术突破，现有产品和市场都可能会被破坏、颠覆，从而迫使公司重新考虑自身使命。克里斯滕森在其后续著作《创新者的解决方案》（*The Innovator's Solution*）中，将术语"颠覆性技术"改为"颠覆性创新"。克里斯滕森认为，伴随"颠覆性创新"的最大问题是这种创新常常在不知不觉中到来，一点一点地从看起来并不可能的方向而来。它极少来自大型的成熟企业。

泰德洛（Tedlow）认为，亨利·福特扮演了更重要的角色，他说："首先，也是最重要的，亨利·福特对汽车应该是什么样子有独到的见解。他在20世纪的前10年拒绝向低销量、高利润、高价格的汽车方向发展。亨利·福特及其员工全方位地接受了大规模生产的挑战"（Tedlow，1996）。

毫无疑问，亨利·福特是他那个时代的"颠覆者"，也是现代市场营销管理的先驱者。尽管亨利·福特从未使用"营销概念"这一术语，但他非常擅于理解这其中的逻辑和推理链。

1）在开始生产之前，亨利·福特对营销机会（大众对简单、低价的运输方式的需求）和潜在的汽车需求进行评估，并正确地选择了潜在目标客户。

2）然后，亨利·福特开发了合适的产品以达到目标。他确定了客户所需产品的特性（易于使用和维修），并有效地提供了售价低于竞争对手、更符合目标市场需求的产品。

3）选择了正确的技术后，他能够为大众提供负担得起的价格。他对市场细分不感兴趣，他的目标是推出最好的产品并卖给所有人（Tedlow，1996）。

4）他知道如何激励工人。

5）他认识到分销和建立亲密客户关系的重要性。在进行了第一次尝试之后，

㊀ 在《创新者的解决方案》中，Christensen 和 Raynor（2003）将行业"颠覆者"的角色赋予了亨利·福特及其T型车。"亨利·福特的T型车非常便宜，使很多从来无法负担得起汽车的人拥有了汽车。"

他放弃以直接分销作为维持客户关系的手段,并转向采用特许经销商。

1. 正确的目标客户

亨利·福特很快取得成功。这是因为他了解市场潜力,并选择了正确的目标客户。亨利·福特很早就注重听取客户的意见,了解其他先驱者所忽略的信息。大众市场对汽车有强大的潜在需求,但在最初阶段汽车却是奢侈品和地位的象征。但是,亨利·福特想要吸引更多的客户,满足他们对易于驾驶且价格实惠的汽车的需求,于是他制造出了具有上述特征的合适的产品。

2. 合适的产品

亨利·福特将注意力集中在设计一款小巧、轻便、坚固、可靠、速度快,而且拥有普通收入的消费者负担得起的汽车。通过对一辆在比赛中撞坏的法国赛车的构造进行仔细研究,亨利·福特明白他必须拥有一种新型钢材,即钒钢。因此,他成功地制造出这种合金,使得车身制造更加容易,并确保整个结构足够坚固,足以避免车辆在崎岖不平的道路上行驶时受到损坏。福特汽车公司首先制造了N型车,继而开发了T型车——这款车使福特品牌闻名遐迩。

在第一批T型车最开始投放市场时,经销商都明显心存疑虑。在1908年第一辆T型车售出后,经销商的订单大量涌入福特工厂,工厂的运营能力迅速变得不足。随着T型车被大众所熟知,Tin Lizzie成为最受欢迎的型号,在美国和其他国家流行开来。在18年中,福特汽车公司始终只出售这一款产品,而且只有黑色,因为精简意味着降低生产成本;黑色涂料干燥所需的时间比其他颜色都短(Landes, 2008)。

3. 新技术

1910年,亨利·福特在底特律的Highland Park开设了一家工厂,从此开始进行大规模生产。在这之前,他的工人都是技艺精湛的工匠和机械专家。那时制造一辆T型车需要大约33h。新工厂开设后,亨利·福特大大减少了组装产品所需的时间。通过引进机器减少劳动力,生产速度大幅提高。与雇用专业手工匠来制造价格昂贵的汽车不同,他用机器来协助非专业劳动人员,以更短的时间和更低的成本来生产汽车。他的工人中仅有2%可归类为机械师或工长。通过引入大规模生产方法,亨利·福特彻底改变了汽车工业。移动装配线这一创新将产品送到工人面前,而不再是工人走到产品前。这一方法迅速被其他行业和其他国家采用。汽车也迅速成为大众产品。

4. 有动力的员工

亨利·福特深知工作动机和公司归属感的重要性。为激励工人严格执行规章制度并在装配线边从事单调的工作,他付给员工双倍的工资,把进厂工作8h的工资提高到5美元。在这方面,他也是一位创新者。他引入日薪制,取代了当时按生产数量支付工资这一在底特律流行的做法。5美元是其他制造商支付给工人工资的两到三倍。以这样的工资水平,亨利·福特的工人大约80天就能赚够买一辆汽车的钱,比现今买一辆大众市场汽车需要的钱少得多。

亨利·福特的新合同给其员工更多的自由时间和更高的工资。以前,工人不得不工作数小时以支付食物、房屋和衣服的费用。工资的增长提高了福特及其产品乃至整个汽车行业的声誉。国家级报纸都纷纷报道了这件事,并描述了人们在福特工厂大门前排队,希望被雇用。增加薪水的决定促使了美国社会开始了一段大规模消费时期。购买力的提高极大地促进了大众娱乐活动、电影的传播以及无线电网络的发展。这一切都有助于催生出一种新的生活方式,而T型车则是其中的一部分。

5. 大众负担得起的价格

亨利·福特假定,在市场营销中客户想要的是负担得起的价格。他认识到这种方法可能导致价格螺旋式下降,即较低的成本促进汽车价格降低,而价格降低则可以带来更大的销量,进而促使成本更低。1908年,福特以825美元的价格卖出第一批车(Landes, 2008)。这个价格在当时不是一笔小数目,但是比其他汽车的平均售价低很多。当时汽车的平均价格在 2000 美元左右。多年后，在 1923 年，新款 T 型车的售价仅为 295 美元。汽车价格每年都在下降。"汽车已成为上百万美国人的日常必需品"。当亨利·福特在 1927 年停止 T 型车生产时，已累计生产和销售了 1500 万辆 T 型车。亨利·福特彻底改变了汽车行业⊖。

6. 市场营销中的"天才"

亨利·福特的流水线被广泛认为是汽车工业革命的开端，但西奥多·莱维特（Theodore Levitt）在《营销创新》（*Innovation in Marketing*）一书中则表达了不同的看法。他写道："亨利·福特真正的天才之处是市场营销"。我们普遍认为，亨利·福特是因为发明了装配生产线才能降低成本和销售价格，从而售出千万辆汽车。莱维特却断定，实际上是因为低成本和低价格以及千万辆汽车的销售量，才促使他发明了装配线。批量生产是他低价策略的结果，而不是原因（Levitt, 1962）。

7. 放弃直接销售

第一批购买汽车的人直接向汽车制造商订购汽车。当大规模生产开始普及以后，客户可以从自行车店、五金店或其他与机械相关的零售店购买汽车。但是，这一解决方案既不能满足消费者的需求，也不能满足制造商的需求。此类中间商很少具备必要的知识，没有能力在售前及售后协助购买者。而且，当时的汽车难以驾驶且性能不可靠，购买者几乎不知道他们真正购买的是什么。

早期，亨利·福特力求通过自己的销售网点与独立经销商合作，与消费者直接联系从中受益。但是，很快他就被迫放弃了这一做法。其中的原因有两点：首先，与独立经销商相比，福特下属销售网点的员工没有销售动力；另外，一个非常重要的事实是，市场对汽车需求的快速增长，超过了福特自己开设足够数量的销售网点来覆盖所有销售地区的能力。1910 年，福特大约有 1000 家经销商。

⊖ 福特写道："我将为大众生产一款汽车……它将由聘用的最优秀的人才通过现代工程进行最简设计并用最好的材料制成。但是，它的价格会非常低，不是高薪收入的人也能拥有一辆……"（Chandler, 1990）。

10年后已经达到6000家。根据尼维斯和希尔的说法,福特"在销售其生产的汽车方面,从未遇到过任何困难"。1920年之后,汽车开始仅通过"特许经销商"独家销售(Rubenstein, 2014)⊖。

8. 广告和促销

价格和产品技术特性是广告的两个关键性问题。在它们的广告信息中,福特汽车公司的报纸向大众传达了这样的信息:该车价格低廉、易于驾驶,在工厂或产品交付中有各种用途。福特汽车公司想为大众提供实用品,而不是时尚品。"来自福特汽车公司的事实",1912年的这样一则广告称T型房车(Model T Tourning Car)的底特律离岸价格降至690美元。公司所做的广告对产品进行多方面的展示(不少于21种,再加上4个不同的价位),例如"世界上最轻的4缸汽车""维护费用最便宜的4缸汽车""设计最简洁的汽车",以及"请记住:我们出售的福特汽车配备齐全"(Vaikin, 2008)。

正如历史学家戴维·刘易斯(David Lewis)解释的那样,亨利·福特对广告有着复杂的看法,既承认广告"对于介绍产品绝对必要,而且很好,很有用",但也认为广告对于已经在市场上出售的产品来说是一种"经济浪费"。刘易斯估计,在20世纪前10年,福特汽车公司在广告上的支出低于任何其他主要消费品生产公司;而且从1917年到1923年,福特汽车公司没再投入资金为T型车做广告(Lewis, 1976)。以下两个事实让福特汽车公司减少广告支出的政策易于实现。首先,根据合同条款,福特汽车公司把广告花费强加给经销商,通过这种方式,公司每年节省大约300万美元的广告费,这在当时是一笔巨款。其次,福特汽车公司能够在广告上花费很少,也得益于其产品的价值,以及他作为创始人个人声望带来的公众关注(Lewis, 1976; Flink, 1988)。

对全新产品而言,广告和促销的使用与当今我们所熟知的产品生命周期相对应。生命周期包括四个阶段,即引入、成长、成熟和衰落。每个阶段都需要不同的营销策略。在产品引入阶段,产品销售缓慢且没有利润,因此营销策略注重主

⊖ 引用的句子和言论来自Rubenstein(2014,第82、第84页)。

要依靠广告和促销来创建产品意识和刺激销售。这就是亨利·福特的做法。

9. 自满

变化的驱动力被忽视了。在 20 世纪 20 年代初期，T 型车销量达到数百万辆，占低成本汽车市场大约 90% 的份额。但是，随着美国购车者的增多，新的竞争对手（特别是通用汽车公司）向大众推出了创新车型与福特汽车公司竞争。亨利·福特了解这一风险，但他坚守自己的车型生产和销售策略，虽然这些策略均已过时，但他深信不疑。尽管竞争对手为新车型提供踏板加速装置，福特汽车公司却仍旧采用手动装置。尽管通用汽车公司提供了多种颜色选择，但福特汽车公司仍以黑色为主。虽然福特的汽车售价低，但是其他五六家制造商也提供售价低于 1000 美元的汽车（Landes，2008）。

商业模式从家族企业（福特汽车公司）到股份制公司（通用汽车公司）的演变，也影响了市场的发展。亨利·福特是公司的主导者，以致在最后几年近乎成为独裁者，斯隆（通用汽车公司的首席执行官）则对所有者和股东负责。通用汽车公司预期大众工资将会增长，对汽车的兴趣也会更大；福特汽车公司却局限在生产以低价出售给大众的产品。采用这种营销策略，福特汽车公司无法与其他公司竞争。

福特汽车公司没有意识到成功的规则已经改变。"到 1921 年，福特汽车公司采取的严格基于价格的竞争策略开始失效……首次购车者数量激增的时代即将结束，汽车的世界已经发生了变化"（Tedlow，1996）。

亨利·福特未能适应消费者购买行为的变化，并且无视儿子埃德塞尔（Edsel）提出的终止过时 T 型车生产的建议。福特的公司溃败，其市场份额减半（从 1/2 减少到 1/4）。消费者期待拥有最新车型。在 20 世纪 30 年代末之前，通用汽车公司的市场地位已经超越福特汽车公司（Landes，2008）。

10. 范例的概念

福特汽车公司的衰败并不能掩盖批量生产具有优势这一事实。T 型车使这种新的生产方式开始使用。在美国市场取得的佳绩使管理者确信大规模生产是一条通往成功的途径（不仅对于汽车行业）。T 型车成为大规模生产和大众市场的第一个典范，不久，这种生产和营销方式在较先进的欧洲国家得以采用。

"典范、范例"（paradigm）这一概念由科学史学家托马斯·库恩（Thomas Kuhn）提出，普遍应用于科学领域。他将其定义为"公认的模式或模型"。这一模式或模型建立了一套规则，执行者可以据此来观察世界（Kuhn，1970）。在特定历史时期，它在很长时间内为所有或至少是大部分研究者（在我们的案例中为管理者）所公认，并用来作为评判世界的方式（Sundbo，1998）。巴克（Barker）把范例的概念应用于商业，将其定义为"告诉人们存在一项游戏、游戏的内容是什么，以及如何才能在游戏里取得成功"。亨利·福特的批量生产原则教会了企业如何成功地玩"游戏"（Barker，1988）。后来，范例中的规则被爱德华·巴德（Edward Budd）的另一项创新所完善。

亨利·福特通过采用新的方式组织特定生产技术来引入、实现创新。就产品创新而言，他以当时普遍采用的模块化方法（底盘与车身分开）为起点。如今，汽车的批量生产是把全钢底盘和车身制造成单一的刚性结构（"硬壳"）。这一技术被称为全钢焊接车身，在亨利·福特推出移动装配线的那段时间，由爱德华·巴德提出，它被许多人视为首次大规模生产范例不可或缺的要素（Grayson，1978；Nieuwenhuis 和 Wells，2015）。

巴德式全钢车身技术需要对工厂进行大量投资（如投资冲压、焊接、喷漆设备等）。在实现规模经济后，这一投资才能转化为低单位产品成本。因此，包括 Nieuwenhuis 和 Wells 在内的一些作者认为"巴德的创新构成了行业经济的基础"（2015）。

巴德的技术在欧洲和美国产生了重大影响，它减轻了车辆的重量。美国在燃料供应方面自给自足，能源成本较低，因此能源使用效率低下这一情况普遍存在，这也为设计师、制造商和客户所接受。

相反，在欧洲，没有任何一家主流汽车制造公司能够实现燃料自给自足。由于石油需要进口，欧洲各国政府从消费源头进行高额征税，对发动机征收高额税金以保护国际收支平衡。巴德的全钢技术由雪铁龙公司于 1934 年引入欧洲。按照一些作者的说法，这标志着欧洲开始发展大众汽车市场。

参考文献

Barker J (1988) Discovering the future: the business of paradigms. ILI Press, St. Paul, MN.

Chandler A Jr (1990) Scale and scope. Harvard University Press, MA.

Christensen C, Raynor M (2003) The innovator's solution. Harvard Business School Press.

Flink J (1988) The automobile age. MIT Press, Cambridge, MA.

Grayson S (1978) The all-steel world of Edward Budd. Autom Q XVI (4): 352–367.

Kuhn T (1970) The structure of scientific revolutions. The University of Chicago Press.

Landes D (2008) Dynasties: Fortune and misfortune in the world's great family businesses. Penguin Random House.

Levitt T (1962) Innovation in marketing. McGraw-Hill, New York.

Lewis D (1976) The public image of Henry Ford: an American folk hero and his company. Wayne State University Press, Detroit.

Nevis A, Hill F (1954) Ford: the times, the man, the company. Scribner's, New York.

Nieuwenhuis P, Wells P (2015) The global automotive industry. Wiley, London.

Rubenstein J (2014) A profile of the automobile and motor vehicle industry. Business Expert Press, New York.

Sundbo J (1998) The theory of innovation: entrepreneur, technology and strategy. Edward Elgar, Cheltenham.

Tedlow R (1996) New and improved: the story of mass marketing in America. Harvard Business School Press.

Vaikin J (2008) Driving it home: 100 years of car advertising. Middlesex University Press.

第 3 章　汽车市场的转变

▶ **本章摘要**

在 20 世纪 20 年代末，汽车行业出现了市场营销演变的第二个转折点。通用汽车公司通过提供更具吸引力的汽车，在销售量上超越了福特汽车公司。与福特汽车公司的做法相反，通用汽车公司着重于汽车的款式、颜色和整体外观。通用汽车公司的营销策略主要针对细分市场："为每一个钱包和用途设计的汽车"。该策略基于构成美国社会的各个阶层划分。经济发展有利于社会地位的攀升，随着平均收入的增加，更多的人爬上了"消费阶梯"，获得了新的阶级地位，并且有更多的时间来享受新的生活方式。通用汽车公司为不同的社会阶层提供了不同价位的产品，通过内容各异的广告，吸引来自各个细分市场的潜在客户。阿尔弗雷德·斯隆（Alfred Sloan）于 1923 年出任通用汽车公司总裁后，建立了营销与工程之间、营销与生产之间的新型关系。用短短几句话，他就重写了营销规则。他明白改变消费者期望的重要性。从这个意义上来说，他也是"颠覆者"。"为每个钱包和用途设计的汽车"这一座右铭不仅确立了细分原则，也表明了放弃仅从实物的角度来考虑产品的做法。通用汽车公司不是简单地把产品设计成为一种交通工具，而是将产品作为吸引和激发潜在客户的工具。

阿尔弗雷德·斯隆在《我在通用汽车的岁月》（*My Years with General Motors*）一书中写道："20 世纪 20 年代初期……汽车市场正在发生着变化。这些变化使汽车市场与以往任何时期都不同"。斯隆也提到，汽车行业的变化是有利的，因为通用汽车公司作为福特汽车公司主导地位的挑战者，也从中受益。由于汽车行业的发展不是基于"旧"业务模型，这一变化给通用汽车公司带来了新的机遇和巨大优势。

实际上，那些年标志着美国的各个工业部门发生着与以往不同的转变。大众市场的发展产生了一系列效应。它为生产和营销带来了大量投资，从而最大限度地利用了规模经济和范围经济。在某些资本密集型行业中，新型公司不断涌现并势不可挡地对竞争环境进行改变。这一结果链建立在钱德勒定义的职业经理人的"可见之手"的基础之上（Chandler，1963，1990）。

1. 通用汽车：新的营销理念

虽然欧洲和美国的大多数汽车公司都以家族企业形式建立，并且一旦过了萌芽阶段，都试图通过纵向整合在供应商处寻求自主权。但通用汽车公司有着不同的起源和发展方式。

威廉·杜兰特（William Durant）是一位精明、大胆的金融家，他将借来的全部资金用于收购一系列在新兴汽车行业中陷入困境的公司。1908年，T型车进入市场的那一年，他把这些公司整合在一起，成立通用汽车公司，他相信多元化可以最大限度地降低风险。这些公司中有些专门从事零部件生产，而最大的公司则从事汽车组装，每个公司都有自己的起源，彼此独立。杜兰特授予每个公司几乎全部的自主权，让它们自主选择生产什么产品、自主定价，所以各公司在产品和市场上有大量重叠。因为公司资源分散，同时又必须面对受行业发展吸引的新竞争对手和快速发展的福特汽车公司的挑战，这一切都使得新成立的通用汽车公司十分脆弱。银行家对杜兰特的财务困难有所警觉，并一度将他拒之门外。

但是，杜兰特并没有因此而放弃。他恢复购买资不抵债的零件供应商和装配厂，并在1916年重新获得了通用汽车公司的控制权。尽管如此，回购通用汽车公司也使他承担了过多债务，他为团队配备的资金不能满足与时俱进的战略需要。

经济环境的变化又一次在汽车行业的历史上留下印记。在第一次世界大战期间，美国政府对战争物资的购买支出有所增加。与此同时，欧洲国家加大了对所有种类食品和商品的购买。这一变化刺激了整个美国经济。对于通用汽车公司（占当时市场份额的20%）和福特汽车公司（占当时市场份额的50%），1919年都是销量创纪录的一年。

到20世纪20年代中期，情况再次发生变化。欧洲市场的需求下滑迫使农产品价格降低，美国由于许多工厂从生产武器转为生产民用产品，工业产品产量下降，美国进入衰退期。新车销量急剧下跌，通用汽车公司的财务状况也迅速恶化⊖。

（1）价格战

福特汽车公司一如既往地采用激进的销售策略，将T型车的价格降低了20%~30%，并迫使经销商承担一部分的降价成本。通用汽车公司的情况进一步恶化，股价下跌，并受到来自银行家的压力。1920年11月，杜兰特辞去通用汽车公司董事长一职。

银行家的注意力集中在皮埃尔·杜邦（Pierre du Pont）身上，希望他担任董事长一职，以保护他们对通用汽车公司投入的大量资金。杜邦接受了董事长一职，但立即宣布他不想承担控制运营管理的责任。尽管年仅50岁，他已经在管理工作中承担过巨大的责任，并取得成功。他成功管理过一家以他的名字命名的大型化学公司，并积累了大量的财富，特别是通过在第一次世界大战期间向欧洲国家出售武器。

（2）"组织研究"

阿尔弗雷德·斯隆是杜兰特收购的零部件公司其中一家的所有者，同时他在通用汽车公司出任二把手的职位。虽然如此，他决定直接与通用汽车公司的新董事长皮埃尔·杜邦联系。斯隆在一封信中解释说，他已经准备了一项重组计划，并已获得公司许多高级管理人员的同意（Farber，2002）。杜邦表示对该计划很感兴趣。斯隆立即向他发送了一份标题为"组织研究"的文件。这一文件被学术

⊖ 美国经济史上的这段时期和通用汽车危机在Chandler（1963）的文献中有详细描述。

界和管理实践者视为天才的体现。"组织研究"列出了基于多个部门的分散型组织结构，每个部门都拥有自己的市场、责任、活动自由和投资回报（ROI）目标。

随后几十年中，通用汽车公司使用 ROI 来监控下属部门以及竞争对手的业绩。

每个部门都被要求按月证明其 ROI 达到 20%。这个百分比是通用汽车公司设定的目标。部门经理可以自由决定如何实现这个目标。"组织研究"被认为是针对大型分散型现代公司的发明。

皮埃尔·杜邦希望任命斯隆为他的第一助手。他们都在麻省理工学院（MIT）攻读过工程类专业，他们的年龄只相差 5 岁。最为重要的是，杜邦赞赏斯隆制定的计划，这一计划根据两个原则为通用汽车公司赋予了新的组织结构。第一个原则是需要维持各部门负责人的业务独立性，第二个原则是需要建立一个高效的中心（后来称为公司）来指导和监督各个部门（Farber，2002）。通用汽车公司董事会在 1920 年的最后几天接受了这一新计划，并委托斯隆负责方案的落实和执行。

在新的组织结构下，每个部门都拥有自己的细分市场、目标和营销策略，斯隆称之为"联邦权力下放"。每个部门都作为通用汽车公司内部的公司来运作。斯隆说，这些公司"在政策上协调，在管理权力上下放"。这项创新是市场营销策略发展的重要一步。

对于通用汽车公司而言，1921 年是艰难的一年。这一年首次购车者的数量很少，并看起来将进一步减少。此外，福特汽车公司具有明显的优势，其汽车价格远低于其他竞争对手。包括总经理在内的通用汽车公司的管理层别无选择，只能专注于那些最富有的人。但是这些富人占据的市场非常小，有限的市场需求也被许多竞争者争抢，这些竞争者也遭遇和通用汽车公司相同的困难，为了生存，都愿意降低产品售价。从 1921 年到 1929 年，美国经济有所改善，汽车销量随之增长，从 170 万辆增长到 430 万辆。得益于新型组织结构和采用的营销策略，通用汽车公司成功地领先于众多竞争者。

据说通用汽车公司部署"联邦权力下放"只用了一个月时间，但是效果持久，令人印象深刻。仅在六年时间内，通用汽车公司就从行业的落后者转变为市场领导者，营业额达到 150 万美元，股价几乎是过去的五倍。阿尔弗雷德·钱德勒在《战略与结构：美国工业企业历史的章节》（Strategy and Structure: Chapters in the History of the American Industrial Enterprise）一书中对这一新型组织结构的细节和逻辑做了精湛的说明。

当福特汽车公司于 1927 年被迫放弃 T 型车生产时，通用汽车公司已经获得了 40% 的美国市场份额。在接下来的几年中，当市场大萧条导致销量下降时，通用汽车公司营销策略的扎实性和有效性再次得到验证。通用汽车公司在市场需求下降的情况下，销量仍不断增长。

2. 分水岭：迈向"大众市场"

通用汽车公司成功的因素是什么？新的营销策略扮演了什么样的角色？斯隆在他的著作《我在通用汽车的岁月》中，将 20 世纪初的美国汽车发展历史以三个阶段进行区分：阶层市场、大众市场和大众阶层市场。阶层市场对应于 1908 年之前的时期，汽车由富人购买，他们有能力高价购买性能尚不可靠的产品。然后是从 1908 年到 20 世纪 20 年代中期大众市场的到来。这一阶段以亨利·福特倡导的低价出售汽车作为基本交通工具为主导。这使许多美国人拥有了他们人生中的第一辆汽车。随后是大众阶层市场，汽车产品在大众市场上得以继续改善，并且种类繁多。斯隆用"他的"通用汽车公司来定义第三阶段："我认为我可以用通用汽车公司的概念来正确地定义最后这个时期"。这三个时期的共同点是它们对美国经济长期扩张和人口持续增长产生了积极影响。

斯隆随后列出了通用汽车公司引入的最重要的四个要素，它们改变了市场，创造了大众阶层市场与之前的大众市场的分水岭，并标志着福特汽车公司至高无上的市场地位的终结。这四个要素分别是分期付款销售、二手车折价换新、封闭式车身和年度款型。

（1）分期付款销售

通过贷款销售汽车并不是什么新鲜事，它在 1925 年就相当普及，占了汽车总销量的 65%。贷款购车使那些赚取稳定工资的人也可以购买价格非常高的产品，如汽车。通用汽车公司的管理层坚信，随着美国人平均收入的增加，将有更多的人渴望购买优质汽车，并愿意支付更高的价格。分期付款销售会促进这一趋势。

（2）二手车折价换新

20世纪20年代，通用汽车公司推出了以旧车折价作为新车首付款的方式。尽管以旧换新最初被认为是清理淘汰旧车的一种手段，但这种做法很快就显著地显示出销售二手车可能会成为额外的、盈利的业务（Flink，1988）。当购车者用旧车折价作为首付款时，经销商和客户之间的交易就进入了一个新阶段。随着经销商开始向已经拥有汽车的人销售产品，购车者将现有汽车折价作为新车的首付款，这一新趋势也对汽车生产本身产生了影响。将新车生产数据与回流车辆数据进行比较，并考虑到每辆汽车在报废之前有可能进行了两到三次以旧换新交易，斯隆估计在1919年—1929年，用二手车以旧换新会呈上升趋势。收入增加使许多美国人可以分期付款，加之二手车以旧换新的支持，不仅促进了对"基本交通工具的需求，而且也对新车的发展、舒适性、便利性、动力和风格有更高的需求"（Sloan，1964）。

（3）封闭式车身

在第一次世界大战之前，仅有为数不多的客户要求封闭式汽车，因此这类汽车的产量极少。但是，在不到10年的时间内，从1919年到1927年，封闭式车身的汽车占据的美国市场份额从10%飙升到85%。福特汽车公司无法从这一趋势中受益，因为T型车的生产技术不允许他这样做。实际上，T型车是按照敞篷车来设计的。它的轻型底盘根本无法承受封闭式车身的重量。封闭式汽车的需求增加后，几年内T型车就成为过时的产品。

（4）年度款型

多年来，通用汽车公司一直避免使用"年度款型"的说法，即使产品升级政策使得产品每年都发生变化。直到20世纪30年代，通用汽车公司才明确宣称这一说法。通用汽车公司因此引入了"有计划地淘汰"这一概念。车型每年都会有改动，并且更新设计的产品不为现有产品带来竞争。

这种做法也影响到其他工业部门的战略，有助于创造现代消费文化。但是，亨利·福特对此却有意视而不见。斯隆在回忆录中写道，他一直认为持续改进产品这一概念与他的竞争对手的产品政策无关。1928年，当福特汽车公司停产A型车（已取代T型车）时，尽管它是同类产品中的佼佼者，但"在我看来，A型车不过是福特汽车公司的一成不变的多功能车的一种延伸表达"。

3. "为每一个钱包和用途设计的汽车"

福特汽车公司设计的汽车适合20世纪前10年及20世纪20年代的部分普通民众。然而，在20世纪20年代后半期，通用汽车公司成功地向社会各阶层的客户出售汽车，从工人、新富到贵族。那些年里，通用汽车公司引入产品范围的概念，客户逐渐从基本款的雪佛兰车型"换购"到奥克兰（后被称为庞蒂亚克）、别克、奥兹莫比尔，最后再到凯迪拉克。与福特的做法不同，通用汽车更专注于款式、颜色、车辆的整体外观（Flink，1988）。

（1）为不同的产品设计不同的广告

20世纪20年代，通用汽车的销量超越了福特汽车，它的汽车产品的风格更具吸引力。斯隆为他的细分策略制定了目标，即"为每一个钱包和用途设计的汽车"，并通过广告来体现。这也标志着市场营销进入了新阶段。

新的营销策略对构成美国社会的不同社会阶层进行了区分，并以此为基础。经济发展有利于社会阶层的攀升。随着平均收入的增加，越来越多的人踏上了更高层的"消费阶梯"，他们的地位和期望也都发生了改变。通用汽车公司为不同的社会阶层提供不同价位的产品，并针对不同的细分市场投放不同的广告，以此来吸引潜在客户。他提议庞蒂亚克的广告主打高性能，奥兹莫比尔主打最先进的技术，别克主打可靠性，而凯迪拉克则是车主财富和权力的象征[⊖]。

⊖ 通用汽车公司的营销结构之所以有效，是因为它反映和塑造了美国的阶层结构……通用汽车公司的战略巧妙地反映了美国家庭的现实和愿望，公司广告按价格列出了产品。

(2) 市场性、适销性

在考虑 20 世纪 50 年代初期的营销革命之前，斯隆就知道改变消费者期望的重要性。从这个意义上说，他也是"颠覆者"。当他在 1923 年成为通用汽车公司董事长时，斯隆在管理层面上建立了营销与工程之间、营销与生产之间的新型关系。仅用只言片语，他改写了营销规则。

"为每一个钱包和用途设计的汽车"不仅确立了细分市场的原则，也标志着单纯把产品视为有型产品规则的终结。在为各个部门分配不同的目标市场时，斯隆以秉承适销性的原则为出发点，指导产品设计流程，"产品是控制消费者行为的手段，而不是目的本身"（Kotler 和 Armstrong，1999）。

亨利·福特无视消费者愿意购买自己喜欢的任何颜色的汽车，而假定所有人都喜欢黑色；通用汽车公司不仅将其产品设计为运输方式，而且将产品作为吸引和激发潜在客户的工具。

4. 第二范例：多产品大规模营销

紧随亨利·福特（及巴德全钢车身）范例的是以营销为导向的第二范例。第二范例更加复杂、更适合通用汽车公司首席执行官斯隆所设想的需求演变。福特－巴德范例的原则是基于大规模生产，而斯隆范例在大规模生产的基础上，引申到多产品的生产和市场营销。事实证明，对于由市场催生的、客户需求多样化的这一新结构，斯隆范例更加适合。成功的营销策略使通用汽车主导了市场，以至于政府介入对竞争进行监管和干预。

在 1950 年至 1955 年间，通用汽车公司的平均投资回报率约为 25%。通用汽车公司如此庞大和强大，以至于司法部门希望将其拆分。随着它的市场份额不断增加，在 1956 年，政府警告通用汽车公司，除非它放慢走向行业垄断的脚步，否则将采取"极端行动"。政府建议通用汽车公司可以通过出售其旗下一两个部门来更好地实现这一目标。除了在汽车领域占主导地位，通用汽车公司还生产了美国 43% 的工业机械，制造了占全球销售量 60% 的柴油发动机，并且还是最大的冰箱生产商，生产 Frigidaire 牌冰箱。"通用汽车当之无愧地受到政府给予的极大关注。它不仅是最大的汽车公司,也是行业内最棒的公司"(Taylor Ⅲ,2010)。

参考文献

Chandler A Jr (1963) Strategy and structure. MIT Press, Cambridge, MA (reprinted by Beard Books)

Chandler A Jr (1990) Scale and scope. Harvard University Press, MA

Farber D (2002) Sloan rules. Alfred Sloan and the triumph of General Motors. The University Chicago Press

Flink J (1988) The automobile age. MIT Press, Cambridge, MA

Kotler P, Armstrong G (1999) Principles of marketing. Prentice Hall

Rubenstein J (2001) Making and selling cars. The John Hopkins University Press

Sloan A (1964) My years with general motors. Doubleday, Garden City, NY (revised 1991)

Taylor A Ⅲ (2010) Sixty to zero: an inside look at collapse of general motors-and the Detroit auto industry. Yale University Press

第4章 20世纪30年代：欧洲在营销策略方面落后

> **本章摘要**

欧洲汽车工业的历史和营销策略的演变与美国截然不同。在20世纪初的数十年中，欧洲虽然受到福特汽车公司批量生产的影响，但仍然保持着工匠般的汽车制造传统。在某种程度上，这种方式在豪华车和跑车制造中沿用至今。汽车主要是按佣金生产的。它们是乐趣的体现，而不是实用的工具，流通量很小。汽车赛激发的汽车需求仅是富人能满足的欲望。富人选择最好的制造商。20世纪30年代，欧洲市场出现了两种趋势，并对欧洲产生了长远影响：强烈的公司形象和同一制造商的各个产品的间接竞争。对于市场营销而言，在这段时期，同一制造商的产品设计具有连续性，并在视觉上不懈地追求美感和多样。那些年里，营销的主要影响因素是新技术的出现、经济发展（人均收入不断增长）、大众消费的出现。然而，最重要的影响因素是新企业家掌握潜在需求趋势的能力，以及能否利用那些在其他行业已发展和验证的技术和管理知识。

尽管在现代概念中，汽车是在欧洲发明的，但在1910年之后，各种因素限制了欧洲公司与美国公司的竞争。其中两个因素最为突出：①欧洲有众多国家，除英国以外，没有一个国家具有足够的汽车市场潜力来维持大规模生产，并启动大批量生产的良性循环、螺旋式上升增长，以及经济规模、低成本和低价格，这些都已促进了美国市场需求的增长；②在20世纪的第一个10年，欧洲主要国家把资金重点投入武器生产，即将陷入一场灾难性的战争。

1. 带来愉悦感觉而非实用性的物品

欧洲市场最初对汽车和汽车行业公司的需求特征与美国市场一样。在20世纪初期，汽车是给车主带来愉悦感觉的物品，而非具有实用性的物品。在市场上流通的汽车数量很少，而且只有富人才能享有。汽车需要频繁的维修、专职驾驶人，甚至还需要机械师。通常一辆汽车行驶不长的距离就需要进维修厂。鉴于早期进入市场的汽车经常发生故障，汽车耐力赛成了挑选结构最坚固、性能最可靠的汽车的主要手段。

1884 年，*Le Petit Journal* 杂志赞助举行了史上首次汽车赛，这次汽车赛在巴黎到鲁昂全长 120km 的道路上进行。它被宣传为"非马拉四轮车比赛"。虽然有 100 多辆汽车报名参赛，但只有 21 辆汽车能在起跑线上准备就绪并成功参赛。此次比赛有 2 个获奖者：Pahnard 和 Levassor & Peugeot。

汽车技术也在汽车赛中得以发展进步。汽车比赛引发的技术创新不仅在机械方面，而且也在轮胎方面（鉴于当时糟糕的路况，轮胎也是非常重要的汽车部件）。在《米其林：驾驶帝国》（*The Michelin Men: Driving an Empire*）一书中，洛特曼（Lottman）讲述了米其林这家法国领头的自行车充气轮胎制造商对汽车赛从最初持怀疑态度到后来感兴趣的实例。米其林没有参加巴黎—鲁昂大赛，因为他对当时汽车的快速普及心生疑虑，而且也不想对不成熟的产品进行投资。但随着汽车比赛的声名鹊起，米其林在第二场从波尔多到巴黎的汽车赛中，为一些参赛者准备并提供轮胎。这场比赛于 1895 年举行，赛程超过 1000km（Lottman，2003；Jemain，1984）。

在 21 世纪的第一个 10 年，欧洲受到福特汽车式大规模生产的影响，但仍然保留了类似工匠般的传统汽车制造工艺。在某种程度上，这种制造方式仍在当今的豪华车和跑车制造上使用（Shimokawa，2012）。

到 1915 年，民用汽车的生产在英国、法国、德国和意大利已经停止。欧洲各地的工厂开始生产武器、飞机发动机和军用车辆。

第一次世界大战结束后的几年中，整个欧洲逐渐恢复各类汽车产品的生产，因战争而停产的工厂也得以复工。在战争期间，军事物资生产促进了技术创新的大量涌现。这些先进技术一部分在战后转化到生产民用汽车上。为了将新技术引入生产，实现从手工生产到装配线批量生产的转化，人们进行了各种尝试，但都没有取得任何成功。与第一次世界大战前的美国市场相比，欧洲并不具备条件推动大规模营销和生产进入扩展阶段。

在欧洲也是如此，最具创新能力的公司最开始都是自行车生产商，然后转为摩托车制造商，摩托车这一交通方式在第一次世界大战后变得越来越受欢迎。例如，在第一次世界大战期间，半数以上的德军军用摩托车都由 German Wanderer 公司提供。然而，自行车仍然是大众交通工具。它为人们提供了理想的交通方式，能够到达铁路或其他公共交通工具无法到达的地方。它也是最经济的运输方式。当时，大多数汽车还都只能在城市中使用（Nieuwenhuis 和 Wells，2015）。

总体而言，汽车的推广是从最富有的阶层向不那么富裕的阶层、从收入金字塔的高层到低层进行的。一些为军队提供武器的公司拥有可自由支配的丰厚利润，它们可以用这些利润把工厂转为生产民用车辆。由于运输能力不足，对汽车最初的需求主要为轻型货车。

在欧洲，汽车工业的复苏始于 20 世纪 20 年代中期，但其发展进程在各个国家区别很大。

2. 市场营销尚未形成

直到 20 世纪 20 年代，人们所谈论的市场营销还不具备现代意义。汽车主要是在佣金基础上生产的。汽车竞赛激发了只有富人才能实现的追求，并使最佳的汽车制造商脱颖而出。

相比于美国的情况，欧洲的市场营销策略发展相对迟缓，这至少由两个相互关联的主要原因造成。首先，也是最重要的，中产阶级没有能力购买新车，而且很少有客户愿意购买那些按现代标准制造的功能强大的汽车。其次，除英国以外，欧洲各国都没有足够大的市场向投资者证明大量投资装配厂的合理性。

欧洲被分为几个国家市场，由各种类型的壁垒分隔开来，包括在刚结束的战争中受挫的国家，这其中既有战败国也有战胜国。它们也被第一次世界大战终止时达成的和平条约所分隔，该条约对战败国具有高度惩罚性。

汽车销量在各个国家依然很低。一方面，有限的汽车销量使公司无法自筹资金来支持新的业务投资；另一方面，销量低下限制了这类公司发展规模经济。达不到规模经济，这些公司无法降低单位成本和产品价格，无法吸引更多的消费者购买。这促使银行介入公司的管理（Nieuwenhuis 和 Wells，2015）。

尽管在第一次世界大战中战败，德国仍是第一批大力恢复汽车生产的国家之一。20 世纪 20 年代是汽车产品大量创新的时期：从发动机的润滑系统到汽车冷却系统。在 1921 年的柏林车展上，第一个驾驶舱左置的汽车系列被展出。Auto Wanderer 成功地参加了坡路赛和短距离比赛。在当地的城市道路上比赛，在意大利尤为常见。1922 年，第一届 Targa Florio 汽车赛在西西里岛（Sicily）举行。

3. 20 世纪 20 年代至 30 年代：新的开始

20 世纪 20 年代，两种趋势在欧洲出现，并对未来产生了深远影响：强烈的品牌识别度和同一制造商的各产品的间接竞争（Pellicelli，2014）。总体而言，对于市场营销来说，这一时期的标志是生产商的产品设计具有连续性，产品不懈追求视觉上的美感和多样性，并再次以汽车竞赛作为主要的促销工具。

（1）强烈的企业识别度

这一需求来自富有的购车者，他们除了要求汽车在速度和耐力方面表现出色，也需要自己的车与众不同。手工生产倾向于对汽车外观、机械化和悬架做出不同的诠释。那些经历过汽车行业危机并幸存下来的制造商都有自己的独特风格。这种差异化也同时受各国不同地域特征的影响，以及高关税壁垒抵御外国竞争所带来的保护。

让我们快速回顾一下当时的"国家冠军"，以此来证明上述分析的正确性。劳斯莱斯 Phantom（1925 年）、蓝旗亚 Lambda（1922 年）、梅赛德斯 - 奔驰 SSK 34（1930 年）、阿尔法·罗密欧 1750 GS Spider（1930 年）和伊索塔弗拉西尼（1929 年），都是"产品概念"的产物，每款车型都与其他车型有明显不同（Chapman，2011）。

这些显著的差异影响并延迟了欧洲汽车工业发展大规模生产和大规模营销，

从而也影响了汽车的普及。各国市场都严禁汽车进口，并且每个市场都有自己的市场领导者。它们不但受到国家政策的保护，而且也受到稳固的企业识别度的保护。因此，单个或几个欧洲制造商不可能有足够的产量，无法形成与美国工业媲美的规模经济和范围经济（Clark 和 Fujimoto，1991；Ruppert，2011）。

（2）间接竞争

稳固的企业识别度产生的结果之一是制造商之间的竞争较小。偏爱某公司产品的客户，因为其产品具有鲜明的特征，更倾向于保持品牌忠诚度。如果设计师设法推出新车型（无论跟随还是预期行业发展），客户则倾向于不更换制造商，并选择那些来自相同产品组合的新提案。这种倾向使得单个制造商的各产品之间产生了间接竞争。当不同公司的众多车型（尤其是在大众市场中）开始采用相似的解决方案以后，这种情况也就不再出现。

这些趋势对营销策略产生了特定的影响：更长的产品生命周期（因为竞争在同一家公司的各车型之间展开）；单个制造商的风格具有连续性（有利于保持和加强现有客户的忠诚度）；技术创新和功能持续改进，尤其是那些选择以速度竞赛为主要营销方式的制造商。

（3）新竞争对手

20 世纪 20 年代后半段，英国和德国制造商被迫面对福特汽车公司和通用汽车公司的营销策略。最初，这两家美国制造商在欧洲组装从美国进口的汽车零配件，后来直接在欧洲生产车辆，开始进入更大规模的市场渗透阶段。它们选择了两个最有发展空间的国家：英国和德国。这两个国家拥有最好的工业基础。就汽车产量而言，英国是当时仅次于美国的全球第二大市场。德国则是工业潜力最大的欧洲国家。

福特汽车公司在欧洲建立了两个大型工厂，分别位于英国 Dagenham 和德国 Cologne。与此同时，通用汽车公司收购了两家现成的公司，即英国的沃克斯豪尔（Vauxhall）和德国的欧宝（Opel）。它们的策略是在可能有销量的市场上建厂生产，满足当地需求。韦伯（Weber，1929）在 20 世纪初就已经将这一原理进行了理论化："工厂的最佳位置应选在引进原材料、零件和组件的成本，以及将成品运送到最终目的地的成本总和最低的地点"。

4. 探索新途径

20世纪30年代的市场状况再次发生变化。这一变化的部分原因是当时的经济危机大大降低了欧洲对汽车的需求，但首要的原因是欧洲各国间日益加剧的敌对情绪、日益增高的关税和沿国界的非关税壁垒。在市场营销和销售方面，各国仍在探索新的解决方案。

德国依然是竭力发展汽车产业的国家。毫无疑问，促使汽车普及的主要因素之一是国家对大规模机动化生产的大力宣传。在1933年柏林车展的开幕式上，希特勒发表讲话，他宣布对所有新机动车予以免税，立刻建设高速公路网络。这一政策包括启动"大众汽车（People's Car）"项目（大众汽车公司），为人们提供一辆适合两个成年人及一个孩子乘坐、售价相当于摩托车的汽车。在第二次世界大战爆发之前，沃尔夫斯堡（Wolfsburg）的工厂仅生产了几辆模型车。第一次碰撞测试于1936年在德国进行。

一些摩托车生产商对新的销售方法进行了尝试。这些公司后来转向汽车生产。在几年时间内，DKW公司成为摩托车生产的世界领先者。它也是引入信贷购买销售的先锋。高效的广告策略使DKW的产品在德国境外也广受欢迎。在20世纪20年代后期，DKW拥有当时最大规模的销售组织之一。它的广告宣称"DKW——小奇迹：爬坡有如其他车辆下山一样"。这一扩张政策的重要资金来源是萨克斯国家银行（Stake Bank of Saxony），1925年，DKW 25%的资本金来自于该银行。DKW在广告中向消费者承诺提供驾驶愉悦、安全、低耗油及舒适的汽车：

> 每个人都为DKW对道路的掌控方式感到愉悦。
> DKW起动快如闪电，完美安全地带您到达目的地。
> DKW实现低功耗、大功率。
> 当您结束旅行时，感觉和旅途开始前一样体力充沛——DKW提供富余空间。
> 您迟早也会选择驾驶DKW。

就销售数量而言，英国长期以来保持着仅次于美国的第二大市场的地位。但与美国和其他欧洲制造业国家的情况不同，英国的市场份额被太多的公司瓜分，这妨碍了具有坚实基础的领先公司的出现。与美国"三巨头"（福特、通用、克莱斯勒）相比，1939 年英国拥有 36 家汽车制造商（其中有 6 家专注于批量生产），法国拥有 3 家（雪铁龙、雷诺、标致），德国拥有 3 家（奔驰、汽车联盟和宝马），意大利拥有 1 家（菲亚特）。车型的激增和市场的分散给市场带来了极大的活力，但也削弱了得以幸存下来的制造商。

法国和意大利的制造商具有同样的开拓精神。他们在各个领域不断寻求创新，从产品到广告、营销。一些人也对汽车竞赛充满热情。在法国，标致汽车公司通过在最具挑战的比赛中取得胜利，赢得了极高的人气，其中包括在 Targa Florio 和在 Spa（比利时）举行的 24h 拉力赛。1934 年，其在市场上推出了第一款敞篷车，即 402 Eclipse Décapotable。

与生产大型昂贵汽车的其他法国制造商（如 Hispano Suiza）不同，雷诺选择专注于小型汽车生产，并成为领先的制造商。在 20 世纪 20 年代和 30 年代，雷诺出产了多种车型，成为最早向美国出口汽车的欧洲公司之一。

虽然雷诺和标致都成立于 19 世纪末，早期都是自行车制造商，但安德烈·雪铁龙（André Citroen）很晚才开始生产汽车零部件。1919 年，他以远低于竞争对手的价格向市场推出自己的汽车产品，成为法国第一家生产整车的公司，获得了相当大的认可。在那以前，汽车行业的常规做法是从一个制造商处购买底盘，从另一个制造商处购买车身。

雪铁龙不仅在产品方面，在营销的方面也有重大创新。他专门为女性设计制造了一款汽车，非常成功。当巴黎埃菲尔铁塔上出现巨大的雪铁龙标志时，震惊了整个巴黎（雪铁龙标志连续九年悬挂在那里）。与其他两家对损益情况非常谨慎的法国制造商不同，雪铁龙无法抗拒诱惑，为了追求与众不同，支出远远超出收益，在 1934 年，雪铁龙破产了。

在意大利，三大汽车制造商占据主导地位：阿尔法·罗密欧（Alfa Romeo）、蓝旗亚（Lancia）和菲亚特（Fiat）。在 20 世纪 20 年代，阿尔法·罗密欧赢得了跑车制造商的美誉。它在众多主要赛事及 1925 年举行的汽车史上第一届世界冠军赛中获胜。产品创新是公司的首要任务。因此，每一款阿尔法·罗密欧新车型都必须比上一款更具技术创新性。但是，就经济管理方面而言，阿尔法·罗密欧公司并不成功，最终被掌握在债权银行手中。

20 世纪 20 年代，蓝旗亚公司的 Lamda 车型是公认的杰作，它被认为是制造商文森佐·蓝旗亚（Vincenzo Lancia）天才的综合体现。当时的一张著名女演员葛丽泰·嘉宝（Greta Garbo）与 Lamda 车的合照使这款车型举世闻名。其他非常成功的车型也紧随其后推出，如 Dilambda 和 Ardea。蓝旗亚因不断推出创新产品和前沿款型而闻名，甚至使用的材料对于汽车生产而言也常是全新材质。"极好的机械质量吸引了最富有，也是最苛刻的客户"（Bruni 等，2006）。

第一次世界大战之后的几年，菲亚特将生产集中在豪华车和赛车上。它的旗舰车型 519 就是最新技术的结晶。与此同时，菲亚特开发了一系列赛车，创造了众多非凡的速度纪录。20 世纪 20 年代，菲亚特在欧洲市场扩张极大。它推出了菲亚特·波尔斯基（Fiat Polski）车型（1921 年），并在俄罗斯合资办厂生产货车。20 世纪 30 年代初见证了 508 车型的巨大成功，人们非常赞赏这款车型，并将其誉为"最终为人民设计制造的汽车"。508 车型在其他欧洲国家也获得了成功。为规避关税壁垒，此款车型在德国由 NSU 公司生产，在英国由 Fiat England 公司生产，在捷克斯洛伐克由 Walther 公司生产，在西班牙由 Fiat Hispania 公司生产。而在法国，它则成为"6CV 法兰西"[⊖]。

[⊖] "实际上，事实并非如此，鉴于销售价格为 10800 里拉，这足以购买乡村的一座房子。但它肯定是当时售价最低的汽车。工业家、零售商、雇员、专业人员，尤其是女性，都将新款菲亚特视为充满希望的汽车。这款车最终在价格、使用和维护等方面被消费者接受"（Bruni 等，2006）。

参考文献

Bruni A, Clarke M, Paolini F, Sessa O (2006) L'automobile italiana. Giunti, Firenze.

Chapman G (2011) Car. The definitive visual history of the automobile. DK Publishing, UK.

Clark K, Fujimoto T (1991) Product development performance. Harvard Business School Press.

Jemain A (1984) Les Peugeot. Lattès.

Lottman HR (2003) The Michelin men: Driving an empire. I. B. Tauris, London.

Nieuwenhuis P, Wells P (2015) The global automotive industry. Wiley.

Pellicelli G (2014) Le strategie competitive del settore auto. Utet, Torino.

Ruppert J (2011) The German car industry. My part in its victory. Foresight Publication, Somerset West.

Shimokawa K (2012) Japan and the global automotive industry. Cambridge Press.

Weber A (1929) Theory of the location of industries. Chicago University Press.

第 2 部分

20世纪60年代：

迈向融合

汽车营销 4.0
数字化时代汽车营销新理念

第 5 章 浴火重生：欧洲出人意料的强劲复苏

> **本章摘要**

20世纪40年代，第二次世界大战结束后，消费者对汽车的期望与战前一样，欧洲汽车工业也没能提出新想法。但是，从20世纪50年代初开始，西欧国家就开始以惊人的速度恢复汽车生产。在德国、法国和意大利，有能力进行大规模汽车生产的公司开始涌现，如德国的大众汽车（Volkswagen）、法国的标致（Peugeot）和雪铁龙（Citroen），以及意大利的菲亚特（Fiat）。它们在市场上迅速建立起自己的领导地位。这些领先公司开发的产品或服务，通常为其他汽车制造商树立了标准，因此在消费者中以质量优势占据显著地位。市场领导者的地位也使领先的公司具有了更多优势，包括更广泛的分销渠道、强烈和持久的品牌形象、通过更大的经济规模降低生产成本。20世纪50年代中期，欧洲各汽车制造商在营销策略上开始出现两点差异：①在1960年《罗马条约》签订之后，民众的国家认同感逐渐消失；②面向大众市场的制造商（菲亚特、大众和欧宝）与那些面向高端市场（梅赛德斯－奔驰）和利基市场（法拉利和阿斯顿·马丁）的制造商采用了截然不同的营销策略。

特别是在欧洲，还出现了其他问题。很少有人能够买得起汽车。大多数欧洲制造商没有资金重建被战争毁坏的工厂、建立新的分销渠道。许多公司被迫退出市场，或永久关闭，或被其他少数得以幸存的工厂兼并。

汽车工业的复苏大致始于20世纪50年代。这一阶段是汽车工业的繁荣时期。

尽管和其欧洲竞争对手相比，英国的战后恢复在短期内具有优势，但长期而言，英国因政府的干预放慢了汽车行业的整合速度，因而优势减弱，过多的从 20 世纪 30 年代沿袭下来的制造商几乎没有改变。

1. 市场营销中的国家认同

多年的边界封闭、各国政府强调民族尊严、传统文化差异，有助于欧洲制造商在 20 年间彼此保持迥异的风格。虽然它们选择了不同的发展道路，但是它们团结一致，不断寻求机械上的改进，应对共同的外部问题：高昂的能源成本、狭窄而崎岖的道路（高速公路仍然很少）、城市地区的高人口密度，以及对产品有了解的客户提出的严苛要求。

在德国，大众汽车公司恢复了面向大众市场的汽车生产；奔驰公司保持生产高档汽车的传统；宝马公司在经历了一段严重的危机之后，也紧随奔驰公司的脚步，保持豪华汽车的生产；在此期间，奥迪公司成为公认的在技术和市场营销方面最具创新性的汽车制造商。

奥迪公司的故事代表了汽车行业的发展和整合。在 20 世纪 30 年代初的经济危机期间，奥迪、DKW、Horch 和 Wanderer 这四个品牌共同创立了汽车联盟（Auto Union）。在第二次世界大战结束时，梅赛德斯-奔驰获得了汽车联盟的控股权，并将其出售给大众汽车公司。一开始，奥迪复制大众汽车公司的产品，但是当它引入新产品和新营销策略后，情况发生转变。

大众汽车公司决定为其产品创建不同的市场。就奥迪品牌（通过与 NSU 临时合并组建而成）而言，该品牌在价格、质量和形象等方面均远胜于面向大众群体的大众品牌。大众汽车公司为奥迪设立的目标是在产品和营销创新方面追求卓越。奥迪 Quattro 就是这一新策略的缩影：它是一款基于新技术（四轮驱动），具有新风格的产品；在市场营销方面，借助奥迪公司作为创新制造商的美誉，以及在汽车拉力赛和耐力赛上屡次获得的好成绩（包括 24h 勒芒车赛），实行"高端营销"策略（Pellicelli，2014）。

法国和意大利的汽车制造商选择的发展道路与德国有所不同，他们专注于生产新兴中产阶级能负担得起的小型汽车（经济型汽车）（Fauri，1996）。工程师的设计倾向于比过去更为宽敞的车型。例如，1955年的菲亚特600就是一款高质量的可容纳4个人的小型汽车。

雷诺在20世纪40年代后期将4CV投放市场。在接下来的10年内，它成功地经受住了来自英国莫里斯·米诺和大众甲壳虫的竞争。之后的车型Dauphine也同样取得成功。在20世纪70年代后期，雷诺试图进入美国市场，然而收效甚微。Dauphine的设计与美国文化不符，对比美国本土的紧凑型汽车显得黯然失色。

20世纪60年代，欧洲大众市场汽车设计师在解决方案的选择上有更多自由。他们将重点放在了适合家庭旅行的紧凑型汽车上，从而开辟了一个新的细分市场（家用汽车）。意大利人首次引入掀背车车身，旨在获得更大的装载能力。这一解决方案继而成为常规设计。在接下来的10年中，两款最具代表性的掀背车型是大众高尔夫（在甲壳虫车型退役后问世）和菲亚特的Ritmo。

20世纪60年代，汽车产量在欧洲迅速增长。就产量而言，德国和法国居于领先地位，其次是意大利和英国。前两者的产量在250万辆到350万辆之间，后两者的产量在150万辆左右。在那10年中，保护民族工业的进口壁垒开始降低，在国际协议的引领下，欧洲逐步迈向单一市场。制造商之间的竞争因而变得更加激烈。对于以前受到关税壁垒保护的市场领先者而言，保持自己的市场份额变得越来越艰难。

2. 市场营销策略的重大差异

随着20世纪50年代的繁荣，日本和美国的制造商与欧洲制造商之间已出现了明显差异。前者几乎完全是大众市场（或大规模）制造商，而后者则既有大众市场制造商（如大众、欧宝、菲亚特和标致），又有高端品牌制造商。这些高端品牌制造商又可以分为高级品牌制造商（梅赛德斯、宝马、奥迪）和利基品牌制造商（劳斯莱斯、宾利、捷豹、保时捷、玛莎拉蒂、法拉利等）。在后来汽车行业整合的各个阶段，这三种类型的制造商都被置于同一产品组合中。大众汽车公司就是这种情况。在随后的几年中，大众汽车公司建立起的产品组合由大众市场品牌（大众、西雅特、斯柯达）、高端品牌（奥迪）和利基品牌（宾利、兰博基尼）组成。

20世纪60年代，这三种类型的制造商采用的营销策略开始出现实质性差异：大众市场、高端（或高级）市场和利基市场。

（1）大众市场

大众市场制造商选择大众营销策略，将如下因素作为决策依据：扩大市场份额以创造并维持经济规模和经济范围；实施最大限度的零部件标准化；模块化程度高；中低位定价以激发整体需求的最大潜力；高产能以实现需求峰值并缩短交货时间；采用广告和购买激励措施以避免在销售量下降时跌破盈亏平衡点。总体而言，此类策略曾经（而且仍然）容易受周期性经济和消费者偏好变化的影响，尤其是产品的"商品化"，使其难以从竞争者中脱颖而出，不可避免地陷入价格竞争，导致利润波动（Rubenstein，2014）。

创新曾经是（现在也是）逐步形成的。在那些已经改变生产方式和显著影响营销策略的实例中，应该提到英国的 Mini（Austin-Morris 小组，随后成为 BMC）。它改变了小型车市场。这款车具有相当大的空间，这主要归功于发动机横置和前轮驱动。但是，这不是技术创新的唯一例子。几乎所有制造商都推出了前轮驱动和掀背式车型。菲亚特 Uno 得益于吸引人的 Giugiaro 设计和驾驶性能，在短短几年内销量超过 900 万辆。

（2）高端（或高级）市场

高端（或高级）市场营销策略关注产品的差异性，并以此作为收取溢价的前提条件。消费者感知的差异性越大，制造商越能吸引更多的需求、保持客户忠诚度、收取溢价。以低于其他竞争者成本的生产方式通常很有限，但实现差别化的方法却很多，从产品/服务质量到品牌形象。对于竞争者来说，这也让模仿变得更加困难（Nieuwenhuis 和 Wells，2015）。

（3）利基市场

利基市场制造商继承了传统的手工生产方法，在严格的筛选过程中幸存下来（阿斯顿·马丁、法拉利、兰博基尼、捷豹、劳斯莱斯和宾利）。它们能够在市场上强加自己的"产品"概念，并保持客户的忠诚度不变；通过提高价格和限制产量来控制买方准入，以此增强排他性。

但是，这样做也不乏缺点。事实表明，几乎所有的利基制造商都失去了独立性，并最终退出了市场。缺点之一是与供应商的关系。利基制造商购买零部件的数量少，直接导致其采购谈判力有限。利基制造商最大的竞争威胁来自于高端品牌制造商的扩张策略。高端品牌制造商具有将投资成本分散到大批量生产，由此实现规模经济的优势，并能以具有竞争力的价格，将它们的顶级型号引入利基制造商的专属领域。

参考文献

Fauri F (1996) The role of Fiat in the development of the Italian car industry in the 1950's. Business history review 70: 167–206.

Nieuwenhuis P, Wells P (2015) The global automotive industry. Wiley.

Pellicelli G (2014) Le strategie competitive del settore auto. Utet, Torino.

Rubenstein J (2014) A profile of the automobile and motor vehicle industry. Business Expert Press, New York.

第 6 章　美国的"黄金时代"：从阶层市场到个人市场

▶ **本章摘要**

20世纪50年代，"三巨头"（尤其是通用汽车公司）生产的汽车将款式置于工程之上，即"款式先于功能"，赋予设计更大的重要性。通用汽车的设计师可以自由设计自己认为合适的、相信的和想要的汽车。其广告语中经常使用"力量""强大""大胆"等字眼，以此强调美国的技术优势。在一些欧洲小型车制造商的压力下（如大众汽车公司），汽车"三巨头"的市场份额在20世纪50年代后期有所下降。几年后，市场细分从以产品为中心转变为以汽车尺寸为中心。按汽车大小来划分的美国细分市场，有助于"三巨头"捍卫自己的市场地位、抵御进口车，但也阻碍了它们在全尺寸汽车市场上形成清晰的、以阶层市场划分的市场地位。只要大多数家庭只拥有一辆汽车，"三巨头"就能够维持其传统的营销策略，即通过价格定位产品，使其与美国社会阶层的金字塔形分布保持一致。但是，20世纪60年代，许多美国家庭开始拥有一辆以上的汽车。当20世纪70年代的能源危机驱使美国人购买更小、更省油的家用汽车时，底特律的传统大型家用汽车逐渐消失，与之相伴的是建立在按价格区分以吸引各个社会阶层的消费者（"消费者阶梯"）的汽车产品策略。

亨利·福特在20世纪前10年成功地向美国家庭售出其第一辆汽车。通用汽车公司自20世纪20年代起，掌握了如何向美国人售出新车以取代他们的第一辆汽车的方法。1930年，60%的美国家庭拥有汽车。这一比例在20世纪30年代和

20世纪40年代有所下降。其首要原因是经济大萧条，其次是第二次世界大战。但是在战争结束后，为几乎所有家庭提供汽车产品又重新开始成为汽车制造商的目标（Rubenstein，2001）。

第二次世界大战后，在很长一段时间内，美国和欧洲市场对汽车的需求一直保持战前的期望不变，因此制造商既不需要投资创新，也无须做出改变。例如，在1945年之后的大约10年内，福特汽车公司的水星（Mercury）品牌仍能在相对同质的市场上，成功销售它10年前设计的产品系列：一款昂贵/高价位、一款中价位和三款低价位汽车。然而，到1956年，它已身处非常糟糕的经济状况。《商业周刊》上有一篇谈及这一糟糕状况的文章提出质疑："客户究竟在哪里？"造成这种情况的原因虽然有很多，但是都源于"三巨头"早些年在全球市场中获得的无可争议的优越感，它们在战时对武器生产的贡献也强化了这种优越感。

1. 设计的重要性："款式先于功能"

20世纪50年代的通用汽车将款式置于工程设计之上，提出"款式先于功能"及"超前性优于实用性"（Rubenstein，2001）。

通用汽车的设计师可以自由设计自己认为适合的、相信的和想要的汽车产品。20世纪50年代，他们设计了类似于喷气式飞机和火箭式样的车身，以增强公众对国家技术优势的安全感（首次出现标志性的尾翼设计是在1948年的凯迪拉克上）。当时的广告经常使用"力量""强大"和"大胆"之类的字眼，强调了当时美国的技术优势[○]。

许多年后，评论家对尾翼造型持批判态度，但是当时的美国人很喜欢这种车型（尤其是通用汽车的风格），这使得制造商通过顾客认为有吸引力的设计来赢得市场份额。与之相反，克莱斯勒在战后的汽车产品则显得乏味、过时

○ 根据Gartman的说法："V8驱动的汽车对努力工作的美国人来说形同麻醉剂。"他接着说："它有助于缓和严酷的现实，即具有阶层结构、重复、非人性化和压抑冲动的竞争性资本主义制度……因此，当20世纪50年代处于自主倒退之时，汽车在美国生活中是自由的象征和表达。"（Gartman，1994）

（Gartman，1994）。

"尽管美国社会对汽车及其设计、在美国社会的地位和用途存在批评，但人们对汽车的强烈热爱仍是无与伦比的"（Heitman，2009）。在营销策略中，汽车制造商对顺应这一趋势没有丝毫犹豫。

"为每个钱包和用途设计的汽车"这一营销策略为通用汽车赢得了巨额利润，并在美国市场上获得近乎垄断的地位。如果它决定降低产品价格，可能会迫使一些竞争对手退出市场。但是，通用汽车采用相反的做法，利用其主导地位提高价格。其管理层知道，如果市场份额超过50%，则会导致政府进行反垄断干预。通用汽车更希望让其他汽车制造商分享一半的市场份额（Rubenstein，2001）。

在1950年至1955年间，通用汽车的平均投资回报率达到惊人的25%，占据市场支配地位，资金大量涌入。通用汽车如此庞大和强大，以至于司法部门希望将其拆分。由于其市场份额在1956年市场低迷的情况下仍有增加，政府警告称，除非通用汽车放缓走向垄断的脚步，否则政府将会采用"极端手段"。政府建议通用汽车公司可以停止对其一个或两个品牌的投资，从而可以更好地实现这一目标。除了在汽车行业占据主导地位，通用汽车公司生产了美国43%的工业车辆，以及占全球销售量60%的柴油发动机，并且是最大的冰箱生产商（Frigidaire品牌）。所以，受到政府的关注是必然的。"通用汽车既是最大的，也是最精明的汽车公司"（Taylor，2010）。

1921年成立的88家美国汽车公司中，到1958年只剩下5家，除了"三巨头"，还有美国汽车公司和斯蒂庞克公司。在这5家公司中，通用、福特和克莱斯勒的销售额占总额的90%。如同生物的自然选择和优胜劣汰，汽车工业已经集中掌握在三家公司和一个联盟手中。企业寡头垄断和工会垄断模式似乎将永远存在。与此同时，在底特律的引领下，美国战后经历了历史性的经济繁荣（Taylor，2010）。

2. 按尺寸细分

在包括大众汽车在内的多家欧洲小型车制造商的竞争下，"三巨头"的市场份额在20世纪50年代后期开始下降。虽然为时已晚，"三巨头"还是在20世纪60年代初向市场推出了体型较小的汽车，把紧凑型汽车加入了1960年度款型。在短短几年之内，汽车细分市场已经从以产品为中心转变为以尺寸为中心。通用汽车生产的四个主要车型包括超紧凑型、紧凑型、中型、全尺寸或"标准"型汽车，其中的大部分车型的尺寸在20世纪60年代变大。除此之外，"三巨头"也销售了多种专业车型，其中最成功的是福特的野马（Mustang）和通用汽车的雪佛兰科迈罗（Camaro）。

按车型尺寸对市场细分虽然有助于"三巨头"抵御进口汽车的竞争、捍卫自己的市场地位，但也给它们的全尺寸汽车的市场定位（基于社会等级）带来了困难（Rubenstein，2001）。

20世纪60年代，通用汽车一贯的"为每个钱包和用途设计的汽车"策略，通过车型的激增得到扩展。小型车吸引了预算紧张的年轻人、首次购车者、城市通勤者和拥有两辆车的家庭，而尺寸较大的车型则吸引了传统的美国家庭。但是，公司的"双生"策略（即几乎相同的车型以不同的品牌出售）却摧毁了能够使通用汽车取得长期成功的另一个途径：旗下五个品牌（雪佛兰、别克、庞蒂亚克、奥兹莫比尔和凯迪拉克）在市场上的明确定位。在种类繁多的设计方案中，大多数是重复的，通用汽车失去了定义清晰的品牌形象。

3. 消失的传统营销策略

只要大多数美国家庭只拥有一辆汽车，"三巨头"就能维持它们的传统市场营销策略，即通过价格手段实现产品定位与美国社会阶层的金字塔形分布紧密保持一致。然而，20世纪60年代，许多美国家庭开始拥有不止一辆汽车。20世纪70年代的能源危机促使美国人购买尺寸更小、更省油的家庭用车时，底特律传统的大型家用汽车逐渐遭到淘汰，与之相伴的是以价格差别来吸引各个社会阶层（"消费者阶梯"）的策略的消失。以通用汽车的策略来说，消费者阶梯体现为顶端的豪华型凯迪拉克到底层的入门级的雪佛兰。

参考文献

Business Week (1956) Science can find their market. Business Week, 27 Oct, p 47.

Gartman D (1994) Auto opium: a social history of American automobile design. Routledge, Chicago.

Heitman J (2009) The Automobile and American life. McFarland & Co.

Rubenstein J (2001) Making and selling cars. Johns Hopkins University Press.

Taylor A III (2010) Sixty to zero: An inside look at collapse of general motors—and the Detroit auto industry. Yale University Press.

第 7 章 日本制造商的经验：第三范例

> **本章摘要**

20世纪六七十年代，日本制造商的生产和营销策略对市场营销策略产生了重大影响，即他们把各细分市场视为彼此独立的市场。"产品概念"在各个细分市场有所不同，加之消费者购买行为多变，导致了营销策略的高度多样化，并提高了竞争强度。丰田开创了新的生产方法，该方法称为丰田生产系统（TPS），后来被称为"精益生产"。TPS系统将灵活性、工艺精准性与低成本批量生产相结合。通过精益生产，日本汽车制造商实现了远低于欧美制造商的单位生产成本及更高的产量。他们还成功提高了新产品开发的速度和效率，这一能力在上市时间拥有重要优势的竞争环境中非常重要。这一新的日本生产系统产生了重大影响，它标志着一种全新的生产过程，并为全球汽车制造业创建了一个范例。在营销策略方面，精益生产使得在同一条装配线上生产多种车型成为可能。通过增加所能提供的产品种类，它提高了制造商开发新细分市场的能力。

20世纪二三十年代，日本市场由美国制造商主导，单个零件经由进口在日本当地组装。但是，这种情况随着政府的政策发生改变，即政府批准外国公司在当地独立生产产品，并为日产、丰田和五十铃（主要生产货车）等公司的成立提供资金，寻求民族工业的独立性。

第二次世界大战结束后，各汽车制造商对全球产量第一的地位展开角逐。为了发展新盟友，美国决定将技术转让给日本。日本汽车制造商很快意识到自身没有能力维持主要资本投资来应用美国技术发展生产。因此，它们引入了一系列后来被欧美制造商效仿的原则：系统持续降低成本的原则、"muda"（消除浪费）、"自働化 jidoka"（品质的注入）、"看板管理 Kanban"（标签作为即时库存控制系统的一部分）。20 世纪 60 年代初期，政府决定通过工业部（MITI）采用以下方式支持经济发展：对一些具有战略意义的行业投入大量资源，其中包括汽车行业。这项尝试虽然只取得了部分成功，但依然促进了经济增长，产生了更大的汽车需求。在 20 世纪 60 年代末，日本步入了拥有大型汽车制造商的国家行列。日本汽车制造商从小型制造商发展到大型制造商的过程中，不可避免地伴随着行业结构（公司合并、公司数量减少）、竞争形式、营销策略的改变（Nieuwenhuis 和 Wells，2015）。

1. 门到门的销售方式被取代

在第二次世界大战之前，日本的汽车制造商对销售实行强有力的控制。传统上，大多数汽车由与汽车制造商合作的销售商通过门到门销售。高品牌忠诚度和有限的销售人员，意味着客户由同一位公司代表多次联系。这一做法增强了客户忠诚度。此外，大多数售出的车辆是根据客户要求定制的，而不是从当前库存的车型中选择的。在第二次世界大战后，门到门销售系统由类似于欧洲采用的经销商网络所取代。经销商开始大量库存汽车，并提供售前和售后服务。年纪大的人经过很长时间才放弃原先的分销模式，而年轻人则很快就喜欢上了这种在购买之前先拜访经销商的方式（Rubenstein，2014）。

2. 对营销策略的重大影响

克拉克（Clark）和藤本（Fujimoto）（1991）阐述了行业内的竞争如何有助于增强日本制造商参与国际竞争的能力。

在 20 世纪六七十年代，日本汽车市场的特点是细分市场数量有限，并且各细分市场存在清晰明确的边界。在这样的市场下，竞争产生了。制造商的营销和生产策略将各细分市场视为几乎彼此隔离。"产品概念"在各个细分市场不同，加之消费者购买行为多变，导致营销策略高度多样化，并提高了竞争强度。汽车市场上的公司数量不断减少，并且最强的几个公司（丰田、日产、马自达）采用的营销策略迫使那些最弱的公司退出市场。

在那一时期，日本汽车市场的特点是两种营销方式并存、市场竞争激烈、独特的消费者行为（Clark 和 Fujimoto，1991）。

(1) 直接产品竞争

在 20 世纪 50 年代的日本市场，日本制造商重点关注欧洲和美国的汽车制造商。一部分日本制造商的灵感来自美国车型，而另一部分制造商的灵感来自欧洲车型。

多年来，日本细分市场保持着有限的数量，而且定义明确。在这些细分市场上，大公司之间在产品上相互竞争。竞争发生在每个主要细分市场，任何制造商都不能以单一的产品线来参与各市场上的竞争。各制造商通过提供更多的产品来应对竞争者推出新产品。但由于其自身的局限，这种做法仅针对单个细分市场，而不是整体产品组合。公司没有明确的标识。同一家公司的"产品概念"非常不稳定，从一个细分市场到下一个细分市场发生变化。例如，日产汽车公司的产品体现不出是其产品。

(2) 激烈的国内竞争

20 世纪五六十年代，两个主要原因促使日本内部市场竞争变得更加激烈：首先，汽车销售的快速发展吸引了众多公司（在 1950 年，不少于 11 家制造商拥有能进行大规模生产的工厂）；其次，不稳定的"产品概念"使各公司在市场上取得的地位经常受到威胁。换句话说，主流制造商当前采用的策略在其提供多种产品时就不存在了，其通过成为相同产品组合的一员而获得实力（共享平台和零件、选择性定位、公司形象超越了单个产品形象）。这有助于市场竞争加剧，并淘汰其他公司。

(3) 客户品味的不稳定性

由于汽车市场仍处于发展的起步阶段，首次购车者购买产品的经验有限，并极易受到新产品吸引。每当有新车型推出时，销量经历快速增长后，又因更新的车型推出而极速下降。由于激烈的竞争促使产品不断更新，较短的产品周期和频繁发布新品是在市场上生存的必要举措。20世纪六七十年代，日本制造商的平均产品周期不到5年，大大低于欧洲和美国的水平。

3. 精益生产：第三范例

丰田比其他制造商更好地解读了第二次世界大战后的几年内出现的新形势。它的生产方式称为丰田生产系统（TPS），后来称为"精益生产"（Womack 等，1990；Holweg，2007）。TPS 在20世纪40年代中期和20世纪70年代中期得到发展。

精益生产将生产工艺的灵活性、精确性与批量生产的低成本相结合。新流水线系统的生产由需求"驱动"，而不是像以前那样生产被流水线上的生产率"推动"。在精益生产中，零部件及时交付（零件按需提供），并鼓励每个工人在发现错误和故障时停止生产（Krafcik，1988）。

通过精益生产，日本汽车制造商实现了远低于欧美制造商的单位生产成本及更高的产量。它们还成功地提高了新产品的开发速度和效率，对于上市时间拥有重要优势的市场，这是竞争所需的一项重要能力。

4. 同一生产线生产更多产品型号

就营销策略而言，精益生产能够在一条装配线上生产多种型号的产品。在引入精益生产之前，一条装配线一次只能生产一款产品。转换生产其他车型时，需要将生产线关闭，进行高成本的重新装配操作。

由丰田公司率先采用的新生产系统对汽车行业产生了巨大影响。在不完全牺牲规模经济的情况下，它标志着一种全新的生产方法，并创建了改变全球汽车业的范例。TPS 成为生产和销售的第三范例，与之前介绍的两个范例完全不同（亨利·福特的装配线和巴德的全钢车身，以及斯隆的多产品、全系列市场细分）。

由于新生产系统自身的特性，自丰田将精益生产的原则在其供应商间传播开来后，这项新技术就不再是秘密。及时供应和全面质量管理只有在所有供应商共同合作的前提下才能实现。TPS 广为人知并被广泛学习，这些学习者首先是丰田公司的日本竞争对手，然后是美国制造商，最后是欧洲制造商。不断增加的供应多样性使得开拓新细分市场的能力有所提高，但也使规模经济难以实现，从而对市场营销产生影响（Shimokawa，2012）。

实际上，唯一可以实现规模经济的市场在北美。在对日本和欧洲进口汽车放开壁垒，成功引进和移植技术后，即使在美国也越来越难以实现巨大的规模经济。规模较小的工厂在规模经济上的优势更加微弱，因此更偏爱于生产种类繁多的产品和采用新营销策略。

5. 顺序细分策略

在各种场合，日本汽车制造商都展示出其在新市场上提出新营销策略的能力。新的潜在细分市场通常出现在公司资源有限、无法兼顾所有细分市场之时。在这种情况下，顺序细分策略是一个有效的替代方法，即公司进入其认为最有前途的细分市场。这一方法被日本制造商在多种情况下采用，将稀缺的资源投入到最有前途的领域，以有机会获取成功。如果成功，公司将在第一个市场中取得的利润投入到下一个最有优势的细分市场。这个顺序一直持续到公司利用完既定市场能提供的所有机会。Best（1997）和 Carr（2014）对丰田的这一策略和经验做出如下描述：

丰田汽车公司于 20 世纪 60 年代凭借科罗娜（Corona）品牌进入美国汽车的低端市场。在成功进行细分市场渗透后，当市场上充满了由本田、马自达、日产生产的类似车型，竞争降低了边际利润时，丰田"按照顺序引入花冠（Corolla），从价格和质量方面，转移到下一个细分市场"。20 世纪 80 年代，丰田公司为"价格更高、质量更优"的细分市场开发了诸如 Celica、Camry、Previa 等新车型。20 世纪 90 年代初期，又将 Lexus、Avalon、Supra 定位为高端汽车。30 多年来，丰田在美国创造了高效的顺序细分策略，现今已经进入几乎所有的细分市场。但是，在 1960 年业务开始之初，这样的多部门战略是行不通的（Best，1997；Carr，2014）。

参考文献

Best RJ (1997) Market based management. Strategies for growing customer value and profitability. Prentice Hall, NJ.

Carr N (2014) The glass cage: automation and us. WW Norton & Company.

Clark K, Fujimoto T (1991) Product development performance. Harvard Business School Press.

Holweg M (2007) The genealogy of lean production. J Oper Manage 25: 420–437.

Krafcik JF (1988) Triumph of the lean production system. MIT Sloan Manage Rev 30: 41–52.

Nieuwenhuis P, Wells P (2015) The global automotive industry. Wiley.

Rubenstein J (2014) A profile of the automobile and motor vehicle industry. Business Expert Press, New York.

Shimokawa K (2012) Japan and the global automotive industry. Cambridge University Press.

Womack J, Jones D, Roos D (1990) The machine that changed the world. Free Press, New York.

第 8 章 全球化的曙光

> **本章摘要**

在 20 世纪七八十年代，欧洲、美国、日本的汽车制造商都具备两个趋势，标志着汽车行业迈向全球化的第一步：①产品增值；②营销管理方法趋同。于是，一系列行业"通行"因素驱使各汽车制造商向具有相同性质的策略迈进，而执行通常是最终的成功因素。第一步是扩展产品线（即产品增值），将非全新产品但在旧款型（即年度款型）上做了很大改进的产品引入市场。通过研究客户的新需求和期望，或者基于技术进步，公司能够通过引入新产品来完善现有的产品线，从而迈出第二步实现市场份额的增加。这些因素逐渐使营销策略趋同：①巨额的资金投入；②产品生命周期长；③基于车型扩充的竞争；④每个国家都拥有自己的"全国冠军"和汽车行业的政策敏锐性；⑤基础技术的相对稳定性；⑥主流汽车制造商组装25%~40%的最终产品，其他的组装则由面向所有人的公司完成。因此，差异化策略变得越来越困难。

1. 产品增值：第一波浪潮

20 世纪 50 年代末，产品增值已成为美国、欧洲、日本主流汽车制造商的习惯行为。为了覆盖尽可能大的市场，这些制造商开始扩展产品投资组合，以便占据尽可能多的细分市场。1957 年，约翰逊（Johnson）和琼斯（Jones）（1957）在《哈佛商业评论》上发表的一篇文章中指出，只有连续的产品增值，才能够维持企业的长期增长,并且销售人员推销的产品中具有的功能越多,客户能感知到的价值就越大,也就能产生更大的销售额和利润(除了规模经济所带来的优势以外)。

汽车行业是最早走上产品增值道路的行业之一。

1)产品线扩充是第一步,方法是向市场引入非全新但在旧款型(即年度款型)上做了很大改进的产品。

2)通过研究客户的新需要和期望,或基于技术进步,公司能够通过引入新产品来完善其现有产品线来迈出第二步,从而增加市场份额。这样做的目的是在可能的范围内,最大限度地激发客户的购买潜力。

3)产品增值策略层出不穷,包括增加一些简单的功能。虽然这些功能对客户几乎没有价值,但却是为价格上涨提供合理性的必要功能。

4)第四个增值策略涉及在现有的品牌产品上使用或添加新组件,从而使产品与众不同,为更高的价格提供合理性。从本质上讲,这预示了20世纪70年代开始的"高端"品牌的标准配置:即防抱死制动系统(ABS)和电动助力转向(EPS)等更多功能(Chandler,1963;Nieuwenhuis 和 Wells,1994;Shimokawa,2010)。

2. 欧洲市场的分销新规则

20世纪50年代,欧洲主要市场分销形式开始趋同。欧洲共同体制定的规章在其中起了作用,自20世纪50年代以来,这些规章变得越来越严格。尽管如此,各国分销形式仍然差别很大。在某些国家(如英国),汽车销售集中在经销商手中,而在另一些国家(如意大利),汽车销售则是分散的。

在整个欧洲,由制造商直接监督的分销形式非常罕见,更为普遍的是"一级"销售渠道。经销商在制造商和买方之间扮演中介的角色。

分销渠道中有中介存在对汽车制造商非常有利,因为不需要投入资金。而且最重要的是,汽车制造商的市场份额不断增加,并为潜在客户提供更大的接触产品的可能性。但是,当生产者和消费者之间没有直接联系时,也会出现不利之处。例如制造商的产品可能质量很高,但不能保证客户一定能通过经销商的介绍感知到这一点(在购买过程中和售后)。

20世纪50年代出现了分销模式。这一模式至今仍存在于西欧，且变化不大。有两点因素决定了由制造商主导的分销结构（Rapaille，2004）：

1）在20世纪50年代，经销商数量迅速增加，同时急剧增长的还有对汽车的需求。如同所有快速扩张的初级阶段，经销商数量的增加并不意味着有同等质量的实体店面、组织管理和服务。但是，经销商是制造商和消费者关系的核心，在双方之间建立联系，并在客户购买前和购买后提供帮助。

2）各汽车制造商的产品质量差异很大，不能与现今的汽车行业相提并论。售后维修是普遍需要而非个别情况。

为了确保客户的汽车经过经销商维修店维修后的安全性，考虑到汽车产品的复杂性（实际上从过去到现在一直存在），制造商经本国权威机构授权（以及后来由他国国家主管部门授权）可以赋予经销商独家区域销售权，并要求经销商使用原厂备件，符合销售场所的标准（设计、布局和尺寸）、员工资质要求、维修车间设备标准及为客户提供服务的基本要素。在实践中，同一经销商不能为多家制造商提供服务，制造商也不能通过其他分销渠道出售汽车。曾经有一些制造商尝试使用替代渠道，但并没有持续很长时间。

由于当年汽车产品供不应求，经销商能够实现很高的利润水平。因此，经销商不反对这种明确赋予制造商强大权力的制度。

3. 相同的行业结构，相同的策略

汽车行业假定的结构是推动行业趋向融合的强大动力，这是所有主要的汽车市场和汽车制造商所共有的。这些汽车行业的"通用"特征逐渐地推动行业趋同（Nieuwenhuis 和 Wells，1994）。

1）资本强度。汽车工业需要大量投资。主要的投资领域集中在内燃机的开发和生产，以及车身的生产和喷涂上。高固定成本要求有大量生产和销量做支撑。产能过剩是主要风险。

2）产品生命周期长。赢利来自于首次投资开始后的数年内。这一周期的延长把公司暴露在巨大的市场需求和经济状况变化的风险中。

3）基于产品款型的增值竞争。为了满足各种需求以便在尽可能多的细分市场上立足，主要汽车制造商都在尽力扩展自己的款型范围。这带来三个主要后果：更激烈的竞争、更高的复杂性、更大的边际利润压力。

4）每个国家都有自己的"冠军"制造商，而汽车工业对政策极其敏感。"大则不倒"的准则和高退出成本频繁需要国家介入积极扶持濒临破产的公司，其结果是在某些市场和地区出现不公平竞争。

5）在汽车行业，大多数生产并不涉及彻底的创新，而是不断完善。因此，基础技术相对稳定。

6）主要汽车制造商组装最终产品的25%～40%（通常控制动力总成和市场营销）。其余的组装则由面向所有人的公司完成。因此，在同样的零件、组件甚至车型的情况下，汽车制造商很难凸显其卓越之处。

7）汽车的设计、生产和使用受到安全和环境保护法规的限制，这限制了汽车制造商的战略选择。

参考文献

Chandler A (1963) Chapters in the history of the American industrial enterprise. Beard Books.

Johnson S, Jones C (1957) How to organize for new products. Harv Bus Rev 35：39-62.

Nieuwenhuis P, Wells P (1994) The automotive industry and the environment. Woodhead Publishing, NY.

Rapaille G (2004) Seven secrets of marketing in a multicultural world. Tuxedo Publications, NY.

Shimokawa K (2010) Global automotive business history. Cambridge University Press.

第 9 章 成功的秘诀

> **本章摘要**

在汽车工业史的最初几十年中，在优胜劣汰过程中幸存下来的汽车制造商很少。许多文献作者都对成功的秘诀进行过探讨。Tedlow 锁定了对市场营销有重大影响的几个方面：通过提高产量创造利润的策略；企业家拥有发现新机会的才能和创造力；建立有效的垂直营销系统的策略；通过建立行业壁垒对抗新进入者，从而获得高回报的先行者策略；新进入者克服行业壁垒的策略。能否在市场上取得成功，也取决于制造商是否能够更好地应对竞争和消费者行为发生的变化。有些汽车制造商由擅长协调批量生产和大众市场营销的杰出企业家或管理人领导，在利润和投资回报方面取得了显著成果。受这些结果所吸引，其他公司试图进入新市场，但很少能成功地打破先行者制造的壁垒。先行者把壁垒设置得越高，能够保持成功的时间就越长。在汽车行业中，最重要的障碍之一是资本需求。

只有少数公司能在汽车工业史中的前 70 年的优胜劣汰中幸存。这些公司成功的秘诀是什么呢？许多文献作者探讨过这个问题。根据 Tedlow（1996）的研究，对营销策略有深远的影响因素有以下 6 项：①通过提高产量创造利润的策略；②企业家具有创造力，能够发现新机会；③创建纵向系统策略，通过该系统进行"原始材料采购，生产运营管理，产品交付最终用户"；④通过建立行业壁垒以对抗新进入者，从而获得高回报的先行者策略；⑤新进入者克服行业壁垒的策略；⑥能否在市场上取得成功，取决于制造商是否能更好地应对竞争和消费者行为发生的变化。

1. 通过提高产量盈利

我们现在所说的"掠取策略"能够在 20 世纪初的几十年内迅速成为主流方法的原因很简单。新进入者能够以尽可能少的投资承受比先行者更小的风险来获取利润。亨利·福特的制胜策略是尽可能多的销售、尽可能低的价格，通过巨大的销量获利。其他行业的企业家也是如此：他们不仅仅为市场服务，他们还创造了市场。

Sculley（1987）将史蒂夫·乔布斯与亨利·福特进行比较。福特通过汽车的大众营销，为当时的美国人提供了出行自由；而半个多世纪后，乔布斯通过个人计算机，给予美国人最大可能的信息处理自由。

2. 创业愿景

一直以来，人们对交通工具有很大的需求，其中包括对机械装备产品的需求，如自行车这一最广泛、最经济的交通工具。但是，并没有对诸如 T 型车这类产品的需求。福特是最先对汽车应该是什么样的产品有远见的人。他没有遵循其他人所采用的策略，即生产少量商品、高价出售并寻求高利润。企业家创造了大众营销，而有远见的人敢于冒险。

首批取得成功的制造商，其独特之处在于能够将较高的固定成本转换为较低的单位生产成本，而这只有在尽可能多地对工厂和设备进行固定投资的情况下才能实现。也就是说，大规模生产需要大规模营销。

如果能够实现大规模营销，工厂将以最大的运行能力进行生产，单位生产成本会持续下降。随着单位成本下降，产品价格也会下降，市场份额有所增加。如果市场份额增加，竞争结构将发生变化，行业从垄断竞争结构转变为寡头垄断结构。现今所有的主流汽车制造商，最初在其原有的市场上成为寡头垄断，然后在行业走向全球化时捍卫自己的地位。

3. 垂直营销系统

垂直营销系统的管理方式是成功的另一个要素。如果管理得当，成本节约能够带来竞争优势。汽车行业的开拓阶段结束后，为了保证产品质量稳定及原材料和零件的不间断供应，制造商有必要一方面将公司的业务扩展到供应链，另一方面转向分销渠道，以确保和消费者的关系稳固。管理垂直营销系统需要在供应链的各环节拥有一个或多个级别的所有权。所有权等同于安全防御。但也存在各种无需所有权的控制手段，如分销中的连锁店体系。

在随后的几十年中，几乎所有的汽车制造商都放弃了垂直整合，转向包括管理、外包和公司系统在内的各种组合。

4. 先行者和进入壁垒

一些公司由擅长协调批量生产和大众市场营销的杰出企业家或管理人领导，在利润和投资回报方面取得了显著成果。受这些成果吸引，其他企业家也进入新市场，但只有很少几家能够成功打破由先行者制造的壁垒。先行者设置的壁垒越高，他们保护自己取得成功的时间就越长。波特（Porter）1985 年把进入壁垒定义为"新进入者相对于在位者所处的劣势"。

壁垒的类型各异，从规模经济到品牌识别、获取分销渠道、绝对成本劣势。在汽车工业中，最主要的壁垒之一是资本需求。在 20 世纪的前 20 年，如果一个竞争者想要对福特造成冲击，在没有累积的学习效应及公众品牌识别度的情况下，其需要对工厂进行大量投资。

5. 竞争对手的选择

汽车制造商采取了哪些策略来成功地打破壁垒呢？竞争者有两种选择：

1）做得更好。竞争者可以采用与现有公司相同的策略。竞争者的优势在于能够研究和模仿已经采用和经过测试的策略，以寻求更有效的实施办法（实施选项）。

2）玩新游戏。竞争者可以通过新的方式解读市场需求、设计新的生产方式或建立新的分销渠道。如果能成功重新定义游戏，竞争者就可以将现有公司推向市场的不利地位，使现有公司无法做出反应。

20世纪20年代初，由于福特所取得的优势，通用汽车不可能采用相同的策略并生产出比T型车更好的产品。斯隆写道："没有可想象的资本数额"能在福特"自己的游戏中"击败福特（Sloan，1963）。由于消费者行为改变，通用汽车决定玩不同的"游戏"——进行市场细分并"以各类车型满足各阶层、各种用途的需要"。

6. 对变化进行管理

成功属于那些能够与时俱进地对变化进行管理的公司。即使在T型车破产后，亨利·福特也未意识到市场、消费者需求和竞争基础都发生了变化。他用新的被认为是另一种"万用"汽车的A型车取代T型车。他拥有与通用汽车进行竞争所需的所有资源，却偏偏选择不这么做。

参考文献

Porter M（1985）Competitive advantage: Creating and sustaining superior performance. Free Press, NY.

Sculley J（1987）Odyssey: Pepsi to Apple—A journey of adventures, ideas and the future. Harper & Row, NY.

Sloan A（1963）My years with General Motors, Dobleday, Garden City, NY. Revised 1991.

Tedlow R（1996）New and improved: The story of mass marketing in America. Harvard Business School Press.

第 10 章 市场营销学：开端

> **本章摘要**

今天我们所说的"市场营销学"可以追溯到 20 世纪 50 年代，起源于美国。它的创立起源于一些美国大学的学者试图把自己的研究成果和出版物与当时的从业者区分开来。基础营销科学研究所的成立是个突破点，它旨在缩小学术研究与营销实践之间的差距。营销学开始被视为基于经济学、统计学、运筹学和其他相关领域对营销活动进行建模。这对汽车制造商的营销策略有影响吗？没有明显证据表明对营销策略有直接或快速的影响，尤其是在汽车行业。然而，市场营销学的创立无疑为营销的概念性框架铺平了道路。在当时，这一框架推动了所谓的"营销革命"。主流汽车制造商成功地理解并吸收了许多由市场营销学推动的进步。这些益处包括更明确的市场，以及对消费者面对不同定价选择时的行为分析。基于统计经济学模型或市场实验来衡量广告效率，得出结论。这些模型可以分为三个研究方向：①广告弹性模型；②广告结转与动态模型；③广告频率模型。

营销学设计的方法的传播也促进了主流汽车制造商的战略融合，这已成为普遍的传统。走向融合的动力源于竞争所需的巨额投资、汽车产品的长生命周期、普遍存在的不确定性。

1. 市场营销学的起源

最早的投稿人"通常来自市场营销领域外的训练有素的教授"。他们多数从事运营学或管理学研究，在工程学院而非商学院工作（Winer 和 Neslin，2014）。一些开拓性的论文发表在《市场营销杂志》（*The Journal of Marketing*）（Magee，1954）、《运筹学》（*Operations Research*）（Vidale 和 Wolfe，1957）及《管理学》（*Management Science*）等杂志上（Anshen，1956）。

福特基金会1959年发表报告，批评美国的商业教育，呼吁采取更严格的管理方法，并建议要特别关注市场领域的研究，情况发生了根本性的变化。罗伯特·戈登（Robert Gordon，伯克利大学）和詹姆斯·豪厄尔（James Howell，斯坦福大学）发表《高等商业教育》（*Higher Education for Business*）的报告，坚持认为需将定量方法加入所有管理方法的教学中，从生产到金融、从研发到营销。福特基金会对此加大支持力度，为有兴趣发展定量分析和社会科学技能的商学院教授提供奖学金（Winer 和 Neslin，2014）。

从该项目受益的人包括罗伯特·巴泽尔（Robert Buzzel，哈佛大学）和菲利普·科特勒（Philip Kotler，西北大学）。巴泽尔在营销模型研究方面做出了开创性的贡献，详见其《营销模型和营销管理》（*Marketing Models and Marketing Mangement*）。科特勒（1971）后来也出版了《营销决策：一种建模方法》（*Marketing Decision Making：A Model Building Approach*）。

福特基金会的报告发表不久，1962年，营销科学研究所（MSI）成立。它旨在缩小学术研究和营销实践之间的差距。市场营销学开始被认为是基于经济学、统计学、运筹学和其他相关领域对营销行为进行建模。

一些有关营销学起源的回顾性文章由斯特克尔（Steckel）和布罗迪（Brody）发表在《营销学》（*Marketing Science*）杂志的2001年秋季刊上。

对于汽车行业呢？对汽车制造商的营销策略有什么样的影响呢？没有明确的证据表明，这对营销策略具有直接、快速的影响，特别是在汽车行业。但是市场营销学的到来，在那一时期毫无疑问地为形成概念性营销框架铺平了道路，并以此进入所谓的"营销革命"。

2. "想想小的好处"：广告上的突破

20世纪50年代，"三巨头"认为外国汽车带来的竞争微乎其微。这些进口汽车的可靠性极差，配件需要花费很长时间通过海运送达。汽车进口量在1955年占美国市场总量的1%。

但是，市场对小型汽车的兴趣在不断增加，因为它吸引了数量不断增加的寻求经济、可靠的汽车作为第二辆家庭用车的美国家庭。其中最成功的是大众公司的甲壳虫，销量在20世纪60年代猛增至原有的6倍（在1971年达到了历史最高，销量为130万辆）。甲壳虫在美国的成功部分归功于广告代理商Doyle Dane Bernbach（DDB）的革命性广告推广活动。

许多人认为这是有史以来对汽车行业最具启发性的推广活动，通过出人意料的具有挑战性的技术吸引观众，引发了现代广告时代的"创意革命"（Vaknin，2008）。DDB向大众致以敬意和理解。他们为大众公司制作的广告推广活动，首先是1960年的"想想小的好处（Think small）"，随后是"没有人是完美的（Nobody's perfect）"，并在标题上方配以带有漏气轮胎的甲壳虫汽车图片。另一个广告展示了1949至1963年大众汽车的图片，展示各款车型间微小的变化并嘲笑传统汽车制造商的过时计划和年度车型翻新的策略。

1972年，甲壳虫汽车取代福特的T型车成为世界上最畅销的汽车。但是同亨利·福特在20世纪20年代对T型车所做的如出一辙，大众汽车的管理层在20世纪70年代迟迟不替换甲壳虫，不愿放弃1/4世纪以来的成功故事。

3. 动机研究的兴起

首次动机研究及把汽车行业的用户调查用于商业用途发生在第二次世界大战爆发之前的几年。为了预测人的行为，这些最初的尝试在范围上很有限，而且企业用于市场营销研究的支出也很少（Boyd等，1977）。尽管如此，此项研究仍有一些作用。1940年，第一批关于动机的研究文章之一发表在《哈佛商业评论》上。作者道格拉斯·麦格雷戈（Douglas McGregor）认为，由于动机的无形性，需要进行具体的实证研究。

20世纪50年代，汽车制造商对探究消费者对其提案的反应越来越有兴趣，从而推动了动机研究的发展。在传播研究的同时，还对研究的质量和心理学专家的贡献给予了合理的评价。1938年来到美国的奥地利心理学家狄彻（Ditcher），因成功地利用心理学原理解决营销问题脱颖而出。他为雀巢速溶咖啡和 Alka Seltzer 的销售提出了成功的新型解决方案，并因此闻名，而后他还与一些美国汽车制造商有过合作（Boyd 和 Orville，1992）。

20 世纪 80 年代，几乎所有的大公司都在内部进行正式的动机研究。在这些公司中，主流汽车制造商的支出最多。长生命周期和对产品开发的巨额投资，再次成为这一浓厚兴趣的主要驱动力。

鉴于动机研究旨在解释人们如何积累经验，以及如何学习和应对外部刺激（市场刺激），经济和社会领域日趋复杂和加快的变化，不断推动着研究人员超越这一学科极限。20 世纪 60 年代，研究人员开始开发当时被称为消费者行为的分析模型，那是营销研究取得重大进展的 10 年。

在那些年中，动机研究这一新概念及它与市场细分、受众定位、产品定位的融合，伴随着计算机革命，引发了被称为心理统计学的方法论的广泛、深入发展。扬克洛维奇（Yankelovich，1964）是首批面向如何对生活方式进行测量和分类进行探讨的学者之一。

汽车制造商的营销人员迅速了解到如下信息的价值所在：不同消费者群体的偏好、反应、情绪、偏见和其他普遍的心理态度。心理细分很快成为汽车行业的通用方法。

没有任何一家主流汽车制造商能够免受这一热门方法的影响。

4. 联合分析

20 世纪 70 年代初开展的首次联合分析（也称交互分析）被认为是市场研究方法上最重要的发展（Green 和 Rao，1971；Green 和 Wind，1973；Johnson，1974）。这又是一次由日益增加的营销决策的复杂性推动的发展。许多决策相互依存，如关于相对于竞争对手的定位选择、定价策略选择和增长策略选择。

此类决策很大程度上是在诸多不确定的情况下做出的。这些不确定包括该领域的发展、客户的反应、竞争对手的反应。为了实现高效的决策过程，管理人员首先需要了解客户如何从多种竞争方案中进行选择，然后才能够预测每一种方案会对最终结果产生什么影响。在他们的决定中，消费者对产品或服务的多个特征之间进行权衡。联合分析包括一系列技术流程，适用于研究客户的选择和权衡取舍（Rao，2014）。

联合分析在汽车行业的市场研究中有多种应用，用于探索各种类型的决策，如对目标市场的选择及新产品设计和定价优化。这种方法的主要优点在于能够探索潜在客户面对各种假设问题或实际选择时所做的回应。

例如，在有关消费者对汽车价格的选择研究中，研究人员对产品和服务中涉及价格的一系列属性进行评估，收集了消费者对每种假设价格解决方案的偏好。一般来说，他们不会考虑所有可能的替代方案，仅考虑其中有限的几个。请参阅注释中有关汽车行业的例子⊖。

除汽车领域，该方法还有多种可能的应用，从非耐用品到工业产品和金融服务。

5. 广告效果

研究人员很快对衡量现代广告的效果产生了兴趣。投资做广告的人想知道广告需要投入多少资金、在什么媒体上、用什么内容、做多长时间。精细复杂的计量经济学和统计方法很快开始使用。鉴于汽车行业是广告支出最多的行业（就总体而言，广告支出相当于营业额），汽车公司是最早采用这些最先进方法的公司之一。

据泰利斯（2014）所述，使用计量经济学模型或市场实验来衡量广告效果的研究，可以根据以下三个研究流进行分类：①广告弹性模型；②广告结转与动态模型；③广告频率模型。

⊖ 例如，研究人员可以要求一组人代表相关目标人群比较两款车型。一款车型售价 32000 美元，配置全轮驱动、防抱死制动系统和天窗；另一款车型售价 40000 美元，除上述配置外，还配置了侧面安全气囊、皮革内饰和高品质音频系统。将这两款车型与售价为 22000 美元的无多余装饰的车型进行比较。受访者的回答集中在选择对他们最有吸引力的功能和价格组合上。如果制造商已经调查了代表样本，联合分析可以提供相当可靠的数据来确定准确的"对目标市场最有吸引力的功能和价格"组合（Nohria，1998）。

(1) 广告弹性模型

广告弹性是指广告支出的 1% 变化所导致的销售（或市场份额）变化的百分比。更确切地说，它定义为销售对广告的弹性。研究人员通过研究在设定时间范围内，广告投入在一段时期到另一段时期的变化引起销售额或市场份额的增减来评估广告弹性。

广告弹性的开创性研究由 Palda 首先展开。然而，Lambin 为此所做的贡献最为突出，他使用了不同阶段的产品生命周期、产品类别、品牌和西欧国家的数据。

在后来展开的研究中，Assmuss 和 Sethuraman 等人提供的长期（20 年）证据表明：

1）广告弹性随着时间的推移而减小。

2）在如下情况下，广告弹性更大：①耐用品比非耐用品的广告弹性大；②广告弹性在产品生命周期的早期比较大，在成熟阶段相对较小；③年度数据的广告弹性比季度数据大；④以毛额评点（Gross Rating Points，GRP）而非以货币形式衡量。

3）很多关于短期弹性的结果也适用于长期弹性，只有少数情况例外。

鉴于汽车制造商的广告预算规模，这些结论对其非常有帮助。

(2) 广告结转与动态模型

由于汽车产品自身的性质及其生命周期的长短，广告结转效应引起汽车行业营销管理的关注。

广告并非立刻起效。相反，广告效应被传递、转移至下一阶段。广告结转分析主要出于如下四个重要原因（Tellis，2014）。首先，广告的整体效果取决于即时效应和结转效应。如果结转效应显著，忽略它则会导致广告的真实效果被严重低估。其次，如果广告的"脉冲"（即影响或费用）确实具有一定的结转效应，那么理想的情况是在第一个脉冲的效果完全消失之后再计划后续的"脉冲"。再次，广告效果的持续时间对于确定公司应将其视为支出还是投资，以及是否可以对其进行免税具有重要意义。最后，广告的效果决定它能够在多大程度上阻碍其他公司进入市场，或者它是否会创造消费者长期的习惯（如吸烟）。

(3) 广告频率模型

对广告支出频率影响的研究也同样重要。广告频率一词是指消费者在给定时间内接触某一广告的次数。有效频率是指使广告商预期的结果达到最大化的最优频率，如销售、利润和价格水平。

McDonald（1971）是最早发表关于广告频率效果研究文章的学者之一。其他的贡献则归功于 Tellis（1988），他举例说明：①广告的影响很小且难以确定，相对而言，促销能起到强烈、即时且不容忽视的效果；②品牌忠诚度中和了广告推广的影响。买家对于他们忠诚的品牌的反应更强烈。这些结论对指导汽车制造商进行促销投资特别有帮助。另一个研究得出的有趣结论是，广告频率对消费者选择的影响小于促销带来的影响。但是，也出现了预料之内的结论，例如，最佳广告发布频率因市场、产品类别、品牌和消费者状况等因素不同存在很大差异（Tellis，2014）。

参考文献

Anshen M (1956) Management science in marketing: status and prospects. Manage Sci 2: 222–231.

Assmuss G, Farley J, LehmanD (1984) How advertising affects sales: meta-analysis of econometric results. J Mark Res 21: 65–74.

Boyd HW Jr, Orville CW Jr (1992) Marketing management: a strategic approach. Richard D. Irwin, Illinois (US).

Boyd HW, Westfall RL, Stasch SF (1977) Marketing research: text and cases. McGraw-Hill/Irwin.

Buzzell R (1964) Marketing models and marketing management. Harvard University Press, Boston.

Gordon R, Howell J (1959) Marketing decision making: a model building approach. Columbia University Press, New York.

Green P, Rao V (1971) Conjoint measurement for quantifying judgemental data. J Mark Res 8: 355–363.

Green P, Wind Y (1973) Multiattribute decision in marketing. Dryden Press, Hinsdale.

Johnson R (1974) Trade – off analysis of consumer values. J Mark Res 11: 121 – 127.

Kotler P (1971) Marketing decision making: a model building approach. Holt, Rinehart and Winston Series, New York.

Lambin J (1976) Advertising, competition and market conduct in oligopoly over times. North – Holland Publishing Company.

Magee JF (1954) Application of operations research to marketing and related management problems. J Mark 18: 361 – 369.

McDonald C (1971) What is the short term effect of advertising? Marketing science institute report no. 71 – 142. Marketing Science Institute, Cambridge, MA.

McGregor D (1940) Motives as a tool of marketing research. Harvard Bus Rev (Autumn): 42 – 43.

Nohria N (1998) The portable MBA desk reference. Wiley.

Palda C (1964) The measurement of cumulative advertising effects. Prentice Hall.

Rao V (2014) Conjoint analysis. In: Winer R, Neslin S (eds) The history of marketing science. World Scientific.

Sethuraman R, Tellis G, Briesch R (2011) How well does advertising work? Generalizations from a meta – analysis of brand advertising elasticity. J Mark Res 48 (3): 457 – 471.

Steckel J, Brody E (2001) 2001: a marketing odyssey. Mark Sci 4: 331 – 336.

Tellis G (1988) Advertising exposure, loyalty and brand purchase: a two stage model of choice. J Mark Res 15 (2): 134 – 144.

Tellis G (2014) Advertising effectiveness. In: Winer R, Neslin S (eds) The history of marketing science. World Scientific.

Vaknin J (2008) Driving it home: 100 years of car advertising. Middlesex University Press, London.

Vidale M, Wolfe H (1957) An operations – research study of sales response to advertising. Oper Res 5: 370 – 381.

Winer R, Neslin S (2014) The history of marketing science. World Scientific.

Yankelovich D (1964) New criteria for market segmentation. Harvard Bus Rev 42 (2): 83 – 90.

第 11 章　营销进程：一个永无止境的故事

▶ 本章摘要

20世纪60年代，营销策略在企业的推动下取得了长足的发展，并在市场调查、学术研究和管理文献方面取得了巨大的进步。其中包括斯隆（Sloan）所著的《我在通用汽车的岁月》，莱维特（Levitt）所著的《营销短视症》（*Marketing Myopia*），安索夫（Ansoff）提出的产品/市场矩阵，Borden 和 McCarthy 提出的营销组合的概念，安德鲁斯（Andrews）对 SWOT（优势、劣势、机会、威胁）分析做出的贡献，"学习曲线"概念，以及投资组合管理的兴衰等。它们直接或间接地对汽车行业市场营销策略的演变产生了重大影响，由于巨额投资和较长的产品生命周期，企业尽可能寻找模型工具和概念来帮助其面对不确定性。在这个过程中，最大的贡献通常来自于管理者，他们在职业生涯中引入创新，然后在文章和书籍中阐述他们的成功经验。学者和有创意的人才层出不穷，如 Alfred Chandler、Theodore Levitt 及 Robert Buzzell。他们将管理技术或汽车市场引入并经测试过的实际做法理论化。咨询公司也发挥了特殊作用，它们对个案情况进行研究，并提出解决方案。就管理层采取的行动及获得的预期结果而言，咨询公司取得了相当大的成功（远超学者）。咨询公司的一些最佳解决方案成为管理上的经典方法，并收录在工商管理硕士（MBA）教科书中。这些最佳解决方案通常使用汽车行业的成功案例，例如"波士顿（BCG）增长矩阵"和通用电气（GE）/麦肯锡矩阵。

管理创新出现在公司内部和市场上。公司管理对新的解决方案进行测试，以解决故有的和新生的各种问题（如"为每一个钱包和用途设计的汽车"、丰田生产方式）。当一个解决方案通过尝试、测试，被证明有实用价值以后，学术界会将其理论化。

管理文献中新解决方案的传播有一个周期，在某种程度上类似于产品的生命周期。对于新管理分析工具而言，当新想法（例如，如何细分市场或投资回报率（ROI）公式族）从萌芽测试阶段进入开发阶段（被多家公司采用）后，它会被学者及研究和撰写管理相关内容的人研究并写在文献中，被赋予科学地位（有时会成功）。学者通常在公司之后开始相关理论的研究，但是他们的工作有助于传播知识，促进学习前人的经验，并为进一步的发展铺平道路。营销理论并不总是真正的创新。正如 Sundbo 观察到的那样，营销理论的历史经常表现为"旧的理论逐渐消亡，新的理论逐渐兴起，而旧的理论则以新的形式复活"（Sundbo，1998）。

最大的贡献通常来自于管理者，他们在职业生涯中引入创新，然后在文章和书籍中阐述他们的成功经验。通用汽车首席执行官阿尔费雷德·斯隆率先证明了这一点。其他人紧随其后，如安索夫（Lockeed 的副总裁），以及最近的雷富礼（宝洁公司首席执行官）。将管理技术或实践（也是一种创新）理论化或展现出创新才能的天才学者也层出不穷，如钱德勒（Chandler）（1963，1990）、莱维特（Levitt）、Buzzell。

1. 斯隆的《我在通用汽车的岁月》

20 世纪 20 年代初期，"营销革命"还有很长的路要走。在身为《财富》杂志编辑的年轻历史学家 J. McDonald 的协助下，斯隆于 1964 年撰写了《我在通用汽车的岁月》一书，成为管理学的经典。在这本书中，斯隆讲述了他为何以及如何把通用汽车划分为自治的、独立的部门（每个部门都有自己的市场和产品，仅在财务和政策控制上受首席执行官的领导）。该书提供了市场研究的相关信息，展示了这项研究对于市场营销在大公司的组织重建上所扮演的角色的重要性。

斯隆写道，在通用汽车公司内，市场分析是金融专家的职责。具体来说，市场分析工作交由分销人员和财务人员。他们必须提供相关内容，评估分配给各个部门的资源，指导定价策略的制定。斯隆回忆说，在1923年汽车需求量下降之后，销售部门启动对整个汽车市场的调研，评估市场需求的全部潜力，最重要的是，评估降价对市场规模造成的可能影响（Sloan，1964）。

2. 莱维特的《营销短视症》

1960年，《哈佛商业评论》发表了西奥多·莱维特（Theodore Levitt）撰写的《营销短视症》一文。在此文中，作者认为很多公司借助产品而非客户期望来定义自身的产业，使这些公司错过很多机会，有些最终以失败告终。如果仅根据产品类型而不是客户的需求和期望来定义竞争性商业市场，则存在"营销短视症"的危险。

这种方法对于营销策略有很多启示。莱维特列举了如下证据：

1）企业不应将重点放在对产品的狭隘定义上，而应该采用更广泛的行业定位。因此，汽车公司应以运输业（现今所说的"机动性"）看待自我；同理，石油公司从事能源业务，而不仅仅是钻探和提炼；电影公司从事娱乐行业等。

2）当管理失效、公司被竞争对手超越时，这通常意味着该公司的产品不符合客户购买行为的变化，或不适应新的、变化的环境条件，或落后于互补产业的创新（Levitt，1960）。

在美国的市场营销文献中，铁路行业在20世纪60年代丧失了更为宽广的市场视野，通常被称为"营销短视症"的例子。铁路经理人未能意识到他们的产品简单来说就是运输。因此，当他们忙于处理铁路业务时（主要基于产品、商品、原材料及农作物的运输），汽车和飞机轻易地占领了客运市场，只给铁路留下很小的一部分运输业务市场。通过产品而不是客户的需求和期望来定义行业，铁路公司丧失了成长的有利条件。这些信息现在听起来有些陈旧，但在当时却造成了巨变。

莱维特的阐述似乎并未对新生的汽车行业产生影响。但是后来，当人们开始考虑向多元化迈进时，一些汽车制造商能够将这一概念融入自己的优势。

3. 安索夫的产品/市场矩阵

战略规划在 20 世纪 60 年代的普及极大地推动了战略营销的发展。在 20 世纪 60 年代中期，被现今认为是现代战略思想之父的安索夫（Ansoff）出版了一本标志着管理文献里程碑的著作。在《公司战略》(*Corporate Strategy*) 一书中，安索夫指出了战略规划和他所谓的战略管理之间的关键区别。他还阐述了一系列旨在帮助管理者实现战略决策的严格流程，其中为营销管理流程设置了相关职位。他的许多想法后来被众多著名学者进一步研究发展，如"竞争优势"概念（Michael Porter）和"核心竞争力"概念（Gary Hamel 和 C. K. Prahalad）。

在进一步的理论发展中，安索夫不同意莱维特在"营销短视症"中讨论的立场观点。他认为企业首先需要了解新产品是否和现有产品具有"共同点"。安索夫建议从四个方面来定义公司企业战略中的"共同点"：①市场渗透，旨在增加当前市场中现有产品的销量；②产品开发，公司组织需要更新其产品组合，以保持竞争力；③市场开发，为现有产品寻找新的市场；④多元化，超越现有业务范围。这些是当前市场和新市场及当前产品和新产品的四种组合，被称为安索夫产品/市场矩阵。

在 20 世纪 90 年代，戴姆勒汽车公司的梅赛德斯 - 奔驰就是一个基于安索夫矩阵制定增长策略的典型案例。市场渗透：C 型车（中型家用四门轿车）和 E 型车（高级轿车）通过增加产量，帮助梅赛德斯 - 奔驰扩大销量并降低生产成本。市场开发：借助 A 型车（小型家用四门轿车）和 Smart，梅赛德斯 - 奔驰进入小型汽车市场；同时重新推出 Mayback 车将集团重新定位在超豪华汽车市场。在实现成本降低的同时，戴姆勒 - 克莱斯勒通过 Neon 和 Voyager 等产品使在全球范围内树立低价位品牌形象成为可能。但是，质量问题也随之出现，低档产品在安全性和质量方面损害了奔驰汽车的良好声誉。多元化：奔驰也做出过多元化的选择。在早期进入航空航天领域之后，其 DASA（宇航公司）国防子公司与法德 EADS（欧洲宇航防务集团）合并。

4. 博登的营销组合概念

1965 年，尼尔·博登（Neil Borden）创造了"营销组合"一词，用来描述公司在特定情况下和目标市场中，为实现营销目标采用的"工具和技术"

（Borden，1964，1965）。这些工具和技术后来被归纳为四点要素，即"营销4P"：产品（Product）、价格（Price）、渠道（Place）、促销（Promotion）。所有这些要素同等重要，但是在特定情况下，其中一个或多个可能会变得更加显著。至于汽车行业，在该行业的前几十年中，产品要素毫无疑问是最重要的元素，但后来也在四P原则中保持了特殊的相关性（McCarthy，1981，2007）。

以下著作的出版并未对当时的汽车营销策略产生很大影响：Coase于1937年发表了一篇关于公司为何而存在的文章，并因此而获得诺贝尔奖；Schumpeter将企业家置于企业成长过程的中心地位；Penrose在1959年的著作中将公司的成长与它所能掌控的资源联系起来。Coase的著作为60年后的几位试图了解网络正在如何改变公司的学者奠定基础。

5. 安德鲁斯的SWOT分析

1963年在哈佛举行的一场会议无疑具有更重大、更深远的影响，它使基于优势/劣势（当时存在的）和机会/威胁（可能在将来发生的）的分析SWOT分析模型得到推广（Ghemawat等，1999）。

一个行业公认的做法很快形成，即经过SWOT分析之后，公司很容易确定其关键潜在竞争优势领域。对分析结果进行解读，也会为如何修改公司的营销策略提供指导。换句话说，在制定营销策略之前，需要理解和描述市场结构。环境分析是必要环节，即了解竞争、社会趋势、政府政策如何阻碍或支持营销活动，以及区分能与不能由管理层控制的各种因素。

在发展这些理论时，安德鲁斯（Andrews）指出，在营销策略中，必须具备独特的能力和公司资源，一方面与环境条件和趋势相匹配，另一方面与机遇和威胁/风险相匹配（Andrews，1951）。

SWOT分析一直饱受批评。最主要的批评在于它最终不可避免地要依赖主观估计。赞成SWOT分析的人以"没有关系"作为回应，他们认为"过程远比目的更为重要"（Ghemawat等，1999）。

6. 学习曲线

学习曲线最早出现在军用飞机行业（根据源自美国的文献），并于20世纪30年代首次转化为管理原则。事实证明，产量的增加降低了组装单架飞机所需的小时工作成本。这一观察显然不是一个新概念[1]。福特制定了一项战略，要求公司全面关注单一、通用、面向所有人的汽车。凭借规模经济的优势和学习曲线，福特降低了汽车的价格，并在此过程中显著拓宽了市场。学习曲线的创新在于该原则的实际结果，以及将该原则用于管理和投资政策。学习曲线主要对产品或服务中的直接工作内容产生影响。

汽车行业的案例表明，把学习曲线作为维持战略选择的关键因素存在很多局限性。

20世纪70年代，通用汽车和福特在美国的累积销量远高于日本公司在其国内市场上的销量。为什么日本厂商有能力进入美国市场呢？为什么美国"三巨头"被迫将大部分市场份额让给比他们的累计销量小很多的日本公司呢？

正如Buzzell和Gale观察到的那样，累积销量的竞争效应被误解和夸大。市场份额固然非常重要，但其他因素造成的相对成本也至关重要。国际比较优势在资本密集型的汽车行业中发挥重要作用。与美国相比，日本的资本和人工成本较低，这与库存和物流相关的模型增值或选项有直接关系。日本汽车工业如此成功的主要原因是"客户在做出购买决定时，感知到的质量通常超过价格（成本）"因素[2]（Buzzell 和 Gale，1987）。

---

[1] 每次产量翻倍，所需的直接工作时间按固定百分比减少。例如，生产第四架飞机时所需的小时工作量仅为生产第二架飞机的80%，第八架飞机则只需第四架飞机的80%，而第五十架飞机只需第二十五架飞机的80%。研究工作时间和相关成本所带来的影响，可以通过数学方法进行预测。

[2] 1979年，Michael Porter为《华尔街日报》撰文指出经验曲线作为制定策略的工具的局限性。到1981年，Walter Kiechel Ⅲ在《财富》杂志系列文章中撰写了有关"经验曲线的下降"的文章，考察了当时用于制定策略的一些主要概念。据Kietchel所写："……在战略概念的确定中，曲线被置于弱化的位置。随着它的发展，原本对市场份额的重要性就大大提高了（Buzzell 和 Gale，1987）。

7. 投资组合管理的兴衰

20世纪六七十年代，寻求咨询公司协助的做法在各公司盛行。波士顿咨询公司（BCG）采纳了"学习曲线"的概念，并将其重新定义为"经验曲线"。其再次证明，总体成本能够在每次产量翻倍时降低20%~30%，其原因在于规模经济、组织学习、技术创新。

汽车制造商率先采用这些新的分析技术，其驱动力在于竞争所需的投资额巨大、因环境动荡和竞争应对不断产生的不确定性，以及产品使用寿命长（5~7年）带来的风险。

经验曲线的逻辑表明，尝试通过每个业务自身发展为其筹集资金，或为每个与业务整体组合无关的业务发展进行融资，都是没有优势的做法。快速发展的业务或具有高增长潜力的业务，无法从市场发展中产生足够的现金回报从中受益，并被迫放弃已获得的市场份额。另一方面，增长为零或非常低的成熟企业通常能创造出远超于能够创造足够回报投资的现金。许多大公司都了解（或更确切地说，有理论支持的理解）业务组合和产品包含不同竞争地位和不同发展元素的重要性。

"波士顿（BCG）增长矩阵"。众所周知的"波士顿（BCG）增长矩阵"诞生了。矩阵的两轴分别代表相对市场份额（或产生现金）和增长（或现金需求）。BCG开发这一矩阵用来协助各公司在"新""旧"产品之间做出投资分配的决定。对于给定的产品组合，某些产品占用的现金多于其产生的现金（现金用户），而另一些产品产生的现金超过所使用的现金。营销管理需要找出这些产品，来建立正确平衡的产品组合。

诸如"现金牛业务"（低增长市场的领导者）、"明星型业务"（高增长市场的领导者）、"问题型业务"（高增长市场的追随者）和"瘦狗型业务"（低增长、静态或下降市场的追随者）等术语成为市场营销通用语言的一部分。

多余现金流量可以更好地用于投资"明星"和"问题"产品，以此获得或掌控市场份额，只要它们的发展在市场上保持高位。如果上述两项业务能够实现并保持领导地位，当市场发展放缓时，它们本身就会变为"现金牛"，因为不再需要投资（吸收现金）捍卫自己的地位。波士顿增长矩阵为公司提供了管理流动性周期的策略。

主流汽车制造商采用多种车型组合作为他们的营销策略（更多车型可以占据更多细分市场或利基市场），特别是在 20 世纪 60 年代。这一策略的主旨是通过规模经济获得更大的市场份额，并实现成本的降低和更高的回报。而这个主旨及由此产生的矩阵的有效性，显然以市场不断持续发展为前提，因此不能适用于因激烈竞争或经济衰退导致的频繁的市场增长放缓或收缩的市场。

除波士顿（BCG）外的其他咨询公司也采用相同的方法提出自己的分析方法和模型，对如何制定发展策略提出建议。每一个大型咨询公司都有自己的矩阵。

通用电气/麦肯锡（GE/McKinsey）矩阵。1970 年初，在麦肯锡咨询公司的建议下，通用电气将其 140 个利润中心划分为"战略业务部门"（SBU）。后来通用电气要求麦肯锡评估为这些战略业务部门制定的战略计划。对存在的问题进行分析之后，麦肯锡建立了一个 9 格矩阵。该矩阵以行业吸引力为一个轴，战略业务部门的竞争地位或业务实力为另一个轴。为评估每个战略业务部门在两个坐标轴上的相对位置，麦肯锡提出了一套评估指标（包括市场份额、投资强度、产品质量、营销支出）。

根据这些指标及预先定义好的加权方案，将战略业务部门或产品定位在 9 格矩阵上，每个坐标轴上有 3 格。这一矩阵被称为通用电气/麦肯锡矩阵。它比其他任何投资组合管理提案都具有更加长远的影响（McDonald，2013）。

壳牌（Shell）的"方向性政策矩阵"采用与通用电气/麦肯锡矩阵类似的方法（Shell，1975）。这两个矩阵的单元格都包含对业务/产品的政策建议，并且任一轴上的因素的相对权重主要基于主观判断。这也是此类矩阵受到极大批评的原因。

所有这些矩阵都曾在汽车工业中广泛使用过，但并未持续很久。此类模型的受欢迎程度在各种批评的压力之下有所降低。咨询顾问设计了一种新的方法（名为投资组合管理），但此方法也与众多方法相同，无法避免生命周期的命运，即引入、发展、成熟、下降、死亡。最后这一阶段由重大意外事件触发。

1970 年到 1973 年爆发了石油危机。随之而来的是需求下降、生产过剩、高通货膨胀率，经验曲线的弱点被突显出来。包括 Abernathy 和 Wayne（1974）在内的众多作者做了如下阐述：经验曲线带来的成本降低并不是自发的，在很多情况下，如基于经验曲线系统寻求成本降低的方法，降低了企业创新和应对竞争对手的能力。Abernathy 和 Wayne 还回顾了由于痴迷于持续的成本降低、忽略消费者期望的变化，福特汽车极易受到通用汽车的竞争"攻击"。

总体而言，投资组合管理也受到广泛批评。有以下三点原因：①它基于对当前情况的分析（经济、竞争、市场趋势的状况），因此不适用于对业务发展的选择，特别是在产品生命周期长的汽车行业中，因为可能会经历动荡时期；②尽管在汽车工业中屡屡出现，在低增长甚至下降市场中也存在商机，该方法过分强调增长；③所需信息难以获取或收集起来耗时较长。

汽车行业很快意识到模型（如波士顿矩阵）的真正作用，即旨在帮助了解现实世界。如果被正确使用，它们可以促进决策过程的第一阶段。模型的目的是简化对外部环境和/或公司内部复杂性的分析。因此，按照定义，它们都存在一些缺点。它们可以识别一些关键因素和关键问题，但绝不意味着它们能百分百地产生最终/最佳决策。

8. 迈向数据应用的重大转变

数据在制定营销决策中的应用是主流汽车制造商促进发展并迅速利用的另一项进步。新的计算技术在收集大量信息中具有优势，更重要的是可以快速识别进化模式，有助于更好地理解经济现象的演变（尤其是消费者行为），并为营销经理提供做出决策的工具，而不仅仅是凭直觉。在初始阶段，这些新工具由汽车制造商结合自身情况定制和完善，可以设计出完善的解决方案（如美国的福特汽车和通用汽车）。在第二阶段，这些解决方案由外部专业公司进行商业化，使用更为广泛。

在《哈佛商业评论》发表的一篇题为《分析3.0》（Analytics 3.0）的文章中，Davenport 将这些阶段定义为新的"商业智能（情报）"。"运营效率"的提高使绩效有所改善，但仍未被理解为竞争优势的来源。据作者所说，直到 2000 年之前，"竞争分析"还未受到广泛讨论（Davenport，2013）。我们将在第 16 章重新对"分析工具"做进一步的介绍。

从机械时代走向融合过程中营销策略的演进,见表 11-1。

表 11-1 从机械时代走向融合过程中营销策略的演进

	改变的主要推动力	市场策略
美国		
1900 年—1920 年 亨利·福特的 T 型车主导	技术创新（移动的装配线） 经济成长	首次购车者被售价低廉的 T 型车所吸引 大众市场
1920 年—1950 年 通用汽车公司成为市场领导者	经济成长 平均收入增加 "消费者阶梯"	市场细分 "为每个钱包及用途设计的汽车" 品牌化
1950 年—1970 年 通用汽车主导/近乎垄断	收入上升 "社会阶层金字塔" 客户行为演变（需要与众不同，情感追求）	风格优先于工程 "款式优先于功能" "尾翼"设计 市场细分以产品为中心转移为以车型尺寸为中心 传统的市场营销策略走到尽头
西欧		
1900 年—1920 年 满足愉悦的产品，而非实用产品 在 20 世纪 20 年代之前，还没有现代意义的市场营销	财富炫耀，实用性（汽车比马和自行车更好），社会阶层 市场主要是为了富人的娱乐和休闲	出售少量相对昂贵的汽车，价格高昂 为了销售，生产者必须制造轰动效应，如通过汽车速度赛或在崎岖的地形上进行长时间的耐力赛
1920 年—1950 年 风格上的巨大差异 边界封闭，传统不同，欧洲市场分裂成一系列独特的国家市场，政府通过进口配额和高关税将各个市场隔离开来	单个公司的设计具有连续性 汽车竞赛是产品推广工具和技术创新的源泉 第二次世界大战后：战争导致的破坏、较低的生活水平、基本交通需求、供不应求	强大的国家特征 "全国冠军" 英国式、德国式、意大利式通过设计的连续性来获得稳定的公司形象 同一汽车制造商各产品之间的间接竞争

（续）

	改变的主要推动力	市场策略
西欧		
1950年—1969年 趋同的营销策略	经济成长 消费者行为改变 合并大量的小规模生产商；幸存下来的公司利用批量生产的优势，生产了大量的小型汽车 在营销和销售中探索新的途径	向三种策略汇聚： • 基于大量市场份额的大规模营销，以维持规模经济，零件标准化和高度模块化 • 基于差异化的高端策略以实现"溢价" • 奢侈品和跑车生产商的利基市场战略
日本		
第二次世界大战之前，日本市场由美国生产商主导，美国生产商进口零部件并在当地进行组装 国家的干预改变了局势	外国公司只能根据执照协议在本地生产 日本汽车工业的诞生由政府资助：日产、丰田和五十铃	汽车制造商对销售实行严格控制，以"门到门"的上门服务形式直接出售给消费者。在没有中介的情况下进行销售可以增强客户忠诚度
20世纪60年代 边界明确的细分市场很少。各细分市场竞争激烈，包括产品对产品、产品制造商之间的逐项竞争	强劲的经济增长导致汽车需求量的增加。因此，行业结构（合并）和竞争形式发生了巨大变化	对营销策略的巨大影响： • 产品直接竞争 • 激烈的国内竞争 • 消费者需求的不稳定性
20世纪70年代 精益生产：汽车工业历史上的第三范例	营销策略主要转变由精益生产驱动。精益生产将工艺的灵活性和准确性与批量生产的低成本相结合	在营销策略方面，精益生产使在同一条装配线上生产各种车型成为可能

参考文献

Abernathy W, Wayne K (1974) Limits of the learning curve. Harvard Bus Rev 109–119.

Andrews K (1951) The concept of corporate strategy. Irwin, Homewood.

Ansoff I (1965) Corporate strategy. McGraw-Hill.

Borden NH (1964) The concept of marketing mix. J Advert Res 4 (1): 7–12.

Borden NH (1965) The concept of the marketing mix. In: Schwartz G (ed) Science in marketing.

Wiley, New York, pp 386–397.

Buzzell R, Gale B (1987) The PIMS principles: Profit impact of marketing strategy. The Free Press.

Chandler A Jr (1963) Strategy and structure. MIT Press, Cambridge, MA (reprinted by BeardBooks).

Chandler A Jr (1990) Scale and scope. Harvard University Press, Cambridge, MA.

Coase R (1937) The nature of the firm. Economica N. S. 4: 386–405 (reprinted in Stigler G, Boulding K (eds) Reading in price theory. Homewood, Irwin, 1952).

Davenport TH (2013) Analytics 3.0. Harvard Bus Rev.

Ghemawat P, Collins D, Pisano G, Rivkin J (1999) Strategy and the business landscape. Addison Wesley, Boston, MA.

Kiechel III W (1981) The decline of experience curve. Fortune.

Lafley A, Martin R (2013) Playing to win: how strategy really works. Harvard Business Review Press.

Levitt T (1960) Marketing myopia. Harvard Bus Rev 45–56.

McCarthy E (1981) Basic marketing: a managerial approach. Irwin.

McCarthy T (2007) Auto mania: Cars, consumers and the environment. Yale University Press.

McDonald D (2013) The firm: The story of McKinsey and its secret influence on American business. Simon & Schuster.

Penrose E (1959) The theory of the growth of the firm. Basil Blackwell, Oxford.

Porter M (1979) Experience curve. The Wall Street Journal, Oct 22 (quoted by Buzzell and Gale (1987)).

Schumpeter J (1942) Capitalism, socialism and democracy. Harper, New York.

Shell Chemical Company (1975) The directional policy matrix: A new aid to corporate planning. Shell International Chemical Co.

Sloan A (1964) My years with general motors. Doubleday, Garden City, NY (revised 1991).

Sundbo J (1998) The theory of innovation. Entrepreneurs, technology and strategy. Edward Elgar.

Tapscott D, Ticoll D, LowlyA (2000) Digital capital: Harnessing the power of business web. Harvard Business School Press.

第 3 部分

电子和软件时代:

迅速发展的领域

汽车营销 4.0
数字化时代汽车营销新理念

第 12 章　第一次石油危机的冲击：生产和营销的转折点

▎本章摘要

1973 年和 1979 年石油价格的急剧上涨标志着汽车行业竞争结构、产品及营销策略的改变。石油危机使得美国消费者转向日本制造商，"三巨头"的利益受损。石油危机促使美国消费者开始根据汽车油耗量购车，而不再依据基于社会阶层划分的细分市场。半个世纪以来，标志着购车者社会阶层的美国全尺寸汽车市场已被尺寸更小、更省油的日本车"摧毁"。"倾听客户的声音"的话语再次产生了实质性影响。日本厂商开始耐心地在美国建立分销网络，并在产品质量、周到细心的售后服务、车辆安全性及对大气有害气体的减排方面获得认可。在西欧，石油危机产生了戏剧性的结果，导致了两个群体的出现：①更具成本意识的消费群体；②德国的"高端品牌"群体。奥迪、宝马、梅赛德斯和保时捷制定了新的"高级品牌"战略。20 世纪 70 年代和 20 世纪 80 年代初期，主流汽车制造商开始扩展其品牌组合。这些制造商意识到在尽可能多的细分市场上提供服务（通过更多品牌），对降低平均成本大有好处。但要做到这一点，这些制造商必须能够在各个细分市场以不同的价格出售产品。

20 世纪 70 年代初，欧洲和美国制造商在全球汽车工业中占主导地位。在此前的 10 年中，日本汽车制造商大幅增加了产量，并使国内市场饱和。虽然日本制造商已经有了一定量的产品出口，但在美国市场上却经历了各种失败（包括丰田的 Toyopet，参见下文）。

石油价格大幅上涨和通货膨胀是主要的冲击因素。

石油价格的大幅上涨（首先出现在 1973 年，然后再次出现在 1979 年）标志着汽车行业的竞争结构、产品、营销策略都发生改变。市场趋势转为有利于日本产品⊖。

石油危机加速了当时已经开始发生的一些改变，这些改变不仅是竞争方式的变化，还包括社会、市场、技术、消费者购买行为的变化。并非所有人都了解正在发生的变化。持续了几十年的行业范例，如福特的 T 型车、斯隆的"为每个钱包和用途生产汽车"的策略、丰田的精益生产都影响对信息和决策标准的选择，使得人们很难意识到一种生产方式正在减弱。沉没成本（即前几十年的工厂和设备累计的巨额投资）降低了灵活性。很多人坚信或至少希望旧日辉煌重现，但事实并非如此。

20 世纪 70 年代也是美国和西欧快速通货膨胀的时期。随着价格指数在几年之内首次出现以"两位数"的速度上涨，管理人员越来越关注通货膨胀对确定价格和报告获利能力的传统方法。这一点突然变得很明显，即基于原始的购置成本不足以支付工厂的重置成本以及其他上升的固定成本。汇报利润时根据"通货膨胀进行调整"成为标准实践，这对市场营销的影响极其深远。

会计原则建议成本按折旧计算法，而折旧则是基于对汽车售价中的工厂重置成本部分进行重新评估。然而，受通货膨胀的影响，以高价出售汽车会导致需求量减少。也因为这一原因，很少有制造商还能保持前几年的盈利水平。

1. "三巨头"失去了市场份额

美国对能源价格的快速上涨做出了反应，降低了从波斯湾各国的石油进口量，并不断增加石油"战略储量"（存储在路易斯安那州和得克萨斯州海岸的洞穴中）达过去的四倍以上。这一政策对汽车行业最大的影响在于政府决定要求汽

⊖ 1973 年，为抗议美国和西方国家对以色列的支持，一些阿拉伯石油生产国开始抵制对西方国家（主要是美国）供应石油。在短短两个月内，原油价格翻了两番（Holweg 和 Oliver，2016）。

车制造商能更有效地利用能源。所有在美国市场年销量超过 10000 辆的汽车制造商，必须达到平均燃油效率（CAFE）的标准。这使得平均燃油效率在 20 世纪 70 年代末和 20 世纪 80 年代初有很大提高。

许多技术路线，也提高了燃油效率，如减小汽车部件的质量、降低空气阻力、提高操作有效性。此外，子午线轮胎和车身前端流线型的广泛使用，也降低了油耗水平。这些改进还包括车身面板、发动机舱盖、塑料保险杠中使用铝材质来代替钢材质。

美国"三巨头"受到石油危机的影响严重，福特汽车在 20 世纪 70 年代后期亏损严重，克莱斯勒几乎破产，通用汽车完全没意识到市场正发生剧烈的、持久性的变化。通用汽车管理层认为稍做调整就足以应对变化，没能在 20 世纪 70 年代末和 80 年代初进行重组，20 世纪末期时，通用汽车的产品已经过时。

美国汽车制造商的营销策略让许多消费者感到困惑，因为多年来美国制造商既出售新型的小型车，也出售老车型。结果是美国消费者转向日本制造商。丰田、日产、本田都通过提供更小、更省油的车型稳步提高了销量。与此同时，"三巨头"逐渐失去了市场份额。

在美国，售价较低的日本小型节能汽车的进口额有所增长，在短短几年内就达到了市场份额的 10%。石油危机促使美国消费者根据燃油消耗量购车，而不再是根据他们所在的社会阶层。由于美国人对日本小型节能车的喜爱，半个世纪以来标志着社会阶层的全尺寸汽车在市场上逐渐消失（Rubenstein，2014）。

2. 倾听客户的心声

20 世纪 70 年代初石油危机的到来使日本制造商的战略再次发生改变。当时日本国内市场几乎达到饱和，许多公司大量投资工厂，并将规模经济作为竞争力的支柱之一，保持高速发展节奏和良好的赢利能力，这些公司被迫转向出口。即使拥有政府的大力支持，本田、日产和丰田依然做出了很大的努力来进入国外市场。这些公司合计年出口量多次超过一百万辆。这些公司对外销售的主体转至美国市场。这种成功不仅仅源于汽车燃油经济性的提高。凭借明智的"盲区"攻击策略，日本人早已专注于美国工业忽视的细分市场：小型车。

(1) 一砖一瓦

在过去的 20 年中，在激烈的内部竞争驱使下，"倾听客户的心声"已经成为日本制造商的传统之一，并再次产生显著影响。日本制造商高瞻远瞩，开始耐心地在美国建立自己的分销网络。最重要的是，日本制造商在产品质量、周到细心的售后服务、车辆安全性及减少向大气排放有害气体方面获得认可。日本制造商的"顾客至上"策略，以及关注环境问题，都被美国汽车制造商所忽视。日本制造商避免重犯丰田汽车在 20 世纪 50 年代后半期在 Toyopet 车型上所犯的错误。实际上，丰田汽车选择进入美国市场的时机并非最佳，因为当时的美国消费者还在被动力强劲的大型汽车所吸引（此时距离石油危机的爆发还有很多年），同意销售丰田汽车的少数经销商的利润还不高。在接下来的 20 年中，丰田耐心地精心挑选，成功地建立起自己的经销商网络。为避免资源浪费，仅在主要城市中心建立网络，并选择符合已建立起品牌形象的车型，即可靠的、品质高的车型。

（2）跨越式策略

日本制造商在美国的经验还包括成功的跨越式发展策略（在"攻击"模式下：轮流彼此超越）。如果无法做到在所有细分市场中面面俱到，"那么就制定跨越式策略，这样不仅可以消除竞争劣势，而且可以创造可持续的竞争优势并保持市场差异化"（Buzzell，1964）。这就是日本制造商将紧凑型汽车打入北美市场时采用的营销策略。得益于其在燃油经济性和成本方面的优势，日本紧凑型汽车成功地渗透进美国市场。但是，在 20 世纪 70 年代初期，日本以制造劣质汽车而闻名。为了扭转局面，日本制造商在燃油经济性和低成本之外的一些关键点上超越了美国制造商，转向了价位更高的市场。丰田的广告语在 20 世纪 70 年代是"您想要—您得到丰田"（您获得一辆满足您基本交通需求的汽车），在 20 世纪 80 年代则为"谁还能要求更多？"（Buzzell，1964）。

3. 西欧：竞争的两个持久影响

在西欧，石油危机的影响巨大。政府通过限制各种形式的能源消耗对此进行干预，如汽油实行配给制供应。许多国家采取严厉措施，如在周日禁止除急救车以外的所有车辆行驶。新法规要求汽车制造商改进汽车燃油效率。汽车及钢铁和其他能源依赖型行业的产量暴跌。产能过剩这一已经存在的情况更加急剧恶化。成千上万的人处于失业风险的边缘。在西欧，来自日本竞争者的影响还没有构成威胁。从日本进口的汽车不超过市场总量的5%。但是，能源成本增加导致需求下降，致使多家制造商处于危机状态（包括英国的Leyland），从而加速了欧洲汽车行业的整合。

在消费者购买行为和制造商之间的竞争中，出现了两个注定要留下深刻印记的趋势。这对营销策略产生了相当大的影响。

（1）更具成本意识的消费者

由于石油危机的爆发，西欧进入经济紧缩时期。对于大多数人而言，节俭的生活和消费（避免过剩、避免囤积商品）成为普遍行为。中产阶级的收入和购买力下降，直至后来的停滞不前。较富裕的法国和德国等国家也遭到重创。

因此，消费者越来越关注他们所花的钱是否能获得更大的价值。在此过程中，汽车行业受到了深远的影响。越来越多的人想购买价格更低、燃油效率更高的汽车。同样地，政府也被迫采取新一轮的紧缩政策。人口老龄化、医疗保健费用飙升、养老金负担加大，这些因素开始迫使政府大幅度削减预算。

（2）德国"高端品牌"应运而生

1973年的石油危机显然使在前几十年占主导地位的跑车和豪华车变得过时。它们缺乏安全性，燃油效率低，技术落后。由于受到日本制造商掌控市场的限制，专家预料全球只有一小部分跑车和豪华车制造商能够幸存下来。奥迪、宝马、梅赛德斯和保时捷没有效仿日本制造商的策略，而是制定了新的"奢侈品牌"策略。通过设定新的基准，它们为汽车行业带来了革新。通过新技术、强大的品牌形象、定价，它们设法将自己的"高端品牌"定位在汽车行业的高端细分市场上。Rosengarten和Stuermer（2006）在 *Premium Power The secret of success of Mercedes Benz，BMW，Porsche and Audi* 中再次回顾德国"高端品牌"车的历史，展示了每个品牌如何通过诠释创新、设计和速度这三个概念来实现差异化。

4. 贸易战：日本"高端品牌"的崛起

20世纪70年代末期，底特律的危机迫使美国制造商要求政府实行保护政策以免受日本进口产品的威胁。欧洲也出现了类似的紧张局势，法国制造商主导了抗议活动。但是这些做法效果甚微，因为日本制造商通过进入高端细分市场站稳脚跟，并在以前的出口市场设立工厂。

特别值得一提的是，美国政府决定根据车辆数量而非其价值施加"自愿"限制，迫使日本制造商转向高端细分市场。虽然日本制造商没能成功地超越德国"高端车"制造商，但对美国制造商的压力没有降低反而有所增加。在向美国出口汽车的过程中，日本制造商实际上专注于提供高利润产品，并推出了一系列"高端"品牌，如丰田的雷克萨斯（Lexus）、日产的英菲尼迪（Infiniti）、本田的讴歌（Acura）。

在欧洲，日本制造商通过在法国、英国、西班牙和东部各国建立生产工厂，应对各国设定的进口配额限制。日本制造商从零开始，在20世纪60年代到80年代中期的不到30年的时间内，占据了世界1/4的客用车市场。在同一时期，美国汽车制造商的全球份额从50%下降到25%。

5. "世界汽车"缺乏成功经验

整个20世纪70年代，不止一家制造商考虑过"世界汽车"这一概念，这是基于共享平台和零部件在全球多个市场出售的汽车，并加以适当调整。其中包括通用汽车的"J平台"项目、菲亚特的派力奥（Palio）、福特的福克斯（Focus）。它们并不像预期的那么成功。每个大洲和市场都有不同的产品需求和发展水平。

那么原因何在呢？对于更大、更同质的市场，如西欧、美国和日本，在差异化限制的驱动下，营销策略趋同。这一点变得越来越明显。但是与此同时，由于对竞争有不同的规定，以及在气候、文化、传统和地理方面的不同，许多市场都是独一无二的，使得向其提供相同产品的可能性极小。日本对汽车所有权的征税基于汽车发动机的尺寸，这一政策支持了日本微型车的发展。在欧洲，高昂的汽油价格促进了柴油发动机的推广。而在巴西，低价乙醇促使了柔性发动机的开发，以汽油或乙醇作为燃料。而三轮车则几乎是亚洲独有的。

6. 新的细分模式

20 世纪七八十年代，随着汽车制造商以小型化和重组来应对石油价格飙升，消费者行为的变化也为营销策略带来新的挑战：如何细分市场；如何相对于竞争者在市场中为自己的品牌或产品进行定位。随着竞争的激烈程度不断升级，过去 20 年中发展稳定且高效的产品差异化能力迅速持续地变弱。在这一阶段，咨询公司投入了大量资源，尤其是在汽车行业。

波士顿咨询公司（BCG）与汽车行业客户合作，在 20 世纪 70 年代初期开始探索市场细分。在这个过程中遇到的问题和解决方案都收录在《波士顿战略观点》(*The Boston Consulting Group on Strategy*) 一书中。书中记录了 BCG 的合伙人 Tilles⊖对当时正在发生的事情所做的描述："产品的差异性仅能保持到第一个追随者的出现。在那之后，它开始表现为一类商品"。随着时间的推移，所有产品都会倾向于在竞争中失去脱颖而出的能力。同样的规则也适用于汽车。

因此，制造商有两条道路可以选择：高端/利基市场或大众市场。随着 20 世纪 70 年代初期市场的快速演化，处于领先地位的公司面临以下选择：①限制产量、生产差异化产品、标高价格来支持成为专业制造商的高成本；②成为大批量生产商，提供低生产成本的标准化产品和低差异化产品。

显而易见的最佳应对方案并不存在。这在很大程度上取决于单个公司的战略定位和财务资源的可获取性。德国的"高端品牌"制造商（奥迪、宝马、梅赛德斯-奔驰和保时捷）选择了上述第一条道路。

⊖ Tilles 描述了波士顿咨询公司制定的细分标准之一：对于产品差异化，细分的基础是内置于产品及其成本/价格比的特征组合。例如，凯迪拉克（Cadillac）、都灵（Torinos）和大众（Volkswagen）都拥有截然不同的价格-特性关系，并因为这一原因彼此没有直接竞争。差异化产品的市场细分取决于两者之间的关系：生产者投入的成本和客户得到的价值（Tilles, 1974）。

随着主流汽车制造商开始扩展品牌组合范围，营销策略也得到进一步发展。制造商了解通过同时服务于几个细分市场（通过多个品牌）降低平均成本，有可能获得竞争优势。为此，制造商必须能够以不同的价格向不同细分市场出售产品。"买方成本必须与每个细分市场的产品价值相匹配。不同价值需要不同的价格来支付不同的成本"（Tilles，1974）。大众汽车是该策略的倡导者，在收购汽车联盟（后更名为奥迪）之后，不断扩大其品牌组合。

20世纪80年代初，信息经济的发展给细分技术带来了新的驱动力。信息技术使识别、跟踪、产品分析和服务交易成为可能。与生产的灵活性相结合，汽车制造商能够利用消费者行为的相关信息，来实现产品和服务的个性化及沟通。由此，汽车制造商可以为小到消费者个人的细分市场服务。

市场营销随着细分市场的向前推进不断发展。由于竞争日趋激烈，对市场营销组合的管理变得越来越复杂。特别是为确保一致性，制定定价策略变得更加困难。因为消费者的消费会随着价格的变化而变化，汽车行业继续被划分为几个细分市场。长期以来保持相对稳定的中端市场被推翻。

(1)"个人细分市场"

在过去的几十年中，营销人员已经成功地将注意力集中在生产针对特定细分市场的汽车产品上。20世纪70年代后期，制造商借助新信息技术，能够获得为个人量身打造的细分市场。个人细分市场把以前截然不同的两个概念结合在一种工作关系中：信息检索和服务交付。一方面，建立关于消费者偏好及其购买行为的数据库；另一方面，采用信息库的方法"根据客户个人情况定制专属服务包"（Winger 和 Edelman，1989）。

"个人细分市场"营销的核心是跟踪、获取、理解个人消费者的行为。得益于电子技术的进步，制造商捕获数据的机会增加，存储和管理大型数据库的成本也大幅下降。

温格和爱德曼注意到，从竞争的角度来看，"个人细分市场"的建立影响相当大。虽然在许多行业中，生产的规模经济不断受到侵蚀，但"个人细分市场"在信息管理、服务包、分销领域重新建立起规模经济。这两位作者得出的结论是："竞争优势转向于"能够拥有市场并能够满足个人客户需求"。

（2）定位的力量

关于市场定位的演变，道森（Dawson）2003 年特别提到美国市场，并给出了与 Tiller 不同的更具分析性的解释。

到 20 世纪 70 年代初，美国经济再次陷入停滞。在"滞涨"和公司之间竞争日益激烈的背景下，旧有的市场细分方法变得不再适合于识别新的目标消费者预期。定位方法需要有新的飞跃。新的方法很快就出现了。

道森回忆，20 世纪 70 年代之前，市场定位就已经取得了一定进展，这基于人们倾向于以相同的态度和行为划分群体这一观察。营销人员选择两个或更多的人口统计特征或经济特征，并将其绘制在笛卡尔图上，以此显示这些特质、特征或维度之间的交集，如潜在消费者的年龄和收入。他们使用数学方法或通过肉眼观察，确定这些点的周围区域。这样，研究人员可以根据多维度、多特征和多种生活方式或人口统计属性，识别更具广泛代表性的潜在目标。

道森还提到，研究人员乔纳森·罗宾（Jonathan Robbin）设计了这样一种方法：利用公司已掌握的目标客户数据，如调查结果、客户响应信息等，并通过数学方法将这些数据与来自人口普查局和美国邮政获得的公开信息进行合并/交叠（营销人员很少会意识到这两个重要的数据来源）。罗宾把这种新型市场定位方法称为"地理人口学"。

由于这些进步，公司不仅能够接触到群体，还能接触到个人（超级锁定）。新一代功能更强大的高速计算机使细分市场能够"瞄准零星的小规模利基市场，最终针对所有的最小消费者群体：个人"。

事实证明，依靠以前未被利用的公开人口统计信息，以及计算机强大的信息存储功能和计算超出人类思维的复杂科学关联的能力，目标市场的选择变得既可行又有效，从实质上为确定目标市场打下了新的基础。

这也增强了公司的理解能力，进而对影响消费者购买选择的环境、行为、人口和财务状况加以改变或利用。最终道森得出结论：这增加了市场营销人员说服消费者接受创新或进一步的产品多样化的可能性⊖。

(3) 自残创伤

在20世纪90年代初期，通用汽车刚刚经历了一场市场危机，决定再次对市场进行细分。取代将汽车视为从小型到大型、从低价位到高价位连续体的做法，通用汽车决定根据年龄、收入和生活方式需求来划分客户群，并以此为基础设计特定的车型。它把这一方法称为"需求细分分析"，专家立即采纳了这一方法，扭转前几年的策略错误。每个品牌都需要量身定制以吸引更精准的客户群。

这个想法存在不利的一面，因为每个车型都是独立设计的，品牌之间原有的设计连续性荡然无存。这也标志着营销研究中的另一种失败，其结果之一就是生产了诸如Aztek汽车。这款车"似乎是从外太空跌落到地球表面的"。尽管它的众多特性已经通过精细的市场测试，但"整体的性能小于部分的总和"（Taylor Ⅲ，2010）。

7. 产品线多样化的风险

许多例子表明，汽车行业处于细分市场技术的最前沿。1973年，在《营销策略》（*Marketing Strategies*）一书中，世界大型企业联合会（Conference Board）这一商业研究组织发表了一系列行业内管理者的经验文章。盖尔·史密斯（通用汽车广告和商品销售总监）写道："通用汽车的市场策划人员不认为市场细分方法是最好、最有效的将汽车市场概念化的方法"。许多细分理论的"基本假设"都被认为过于严苛。特别是通过人口统计、当前需求和需要、市场行为来识别潜在客户群的尝试被驳回，因为它不够稳定，无法成为"计划产品定位或营销策略的手段"。史密斯解释说，在通用汽车公司，汽车市场被理解为是"几股快速变化的力量之间不断变化着的相互作用"。因此，市场细分在通用汽车只适用于新

⊖ 在《消费者陷阱：美国生活中的大企业营销》（*The Consumer Trap: Big Business Marketing in American Life*）一书中，道森阐述了"大企业的营销活动渗透并改变了普通美国人的生活"。尽管在确定目标市场方面取得了上述进展，但主要汽车制造商的管理者通常会继续墨守成规并犯下严重的错误。通用汽车就是这样的一个例子。

产品的设计、生产、分销。本质上，对市场细分的研究"是为了考量产品线是否可以被继续扩展"。因此，通用汽车的营销策略基于针对稳定或相对稳定的细分市场的产品，并寻找新的、正在出现的、潜在的或隐藏的产品。

但是，事物的另一面揭示了成本效率方面存在的主要问题。在广告方面，通用汽车必须面对"细分方法存在的最严重的缺点"。史密斯回忆说，广告介质越大，千人成本越低；广告介质越专业，千人成本越高。

市场细分的目标是延伸至具有同质性的客户群，但随着人们需求的不断变化，这意味着采用特定方式的成本也相对较高。

通过不断扩展产品线，汽车制造商试图占据尽可能多的细分市场（将固定成本分配给尽可能多的潜在市场）。这样做的结果不仅使市场上的车型过度扩散，而且还会使汽车制造商预算中的广告效率普遍下降，并且广告费用在产品定价中所占的比例增高。

20 世纪 70 年代初期，通用汽车公司生产 24 种车型，每种车型彼此各不相同。"这 24 个车型中，每个车型都包含重要变化；我们生产四门轿车、敞篷车、旅行车和双门硬顶敞篷车。此外，我们还有'品牌内的系列'，基于不同的选装件和内饰，各型号及某些车型间存在明显的差异。"从这个角度来看，通用汽车公司生产了 139 种对消费者来说截然不同的汽车，因此，有望吸引众多消费者。对于广告经理来说，这却是最大的难题。"我们不能简单地采取设计 139 个单独的广告系列的办法。每个广告系列都有自己的媒体投放时间，每个广告系列都有其特殊的信息和产品吸引力。这样的广告推广将不得不限制在小范围内，在与其他广告的竞争中失去公众的关注，从而迷失方向。即使是最大的广告预算也无法涵盖这么大范围的产品矩阵。"（资料来源：《营销策略》一书中盖尔·史密斯所述，世界大型企业联合会，1973）。

8. 走在前列的组织购买行为

20 世纪六七十年代，关于组织购买行为的模型引起了人们的巨大兴趣。向组织机构（公司、租赁公司、公共组织）销售产品变得越来越重要，在汽车行业中也是如此。虽然通过此类销售实现的利润低于通过经销商进行的销售，但能够与客户/组织建立中长期的大批量生产协议，从而使计划批量更加稳定，这一优势弥补了利润低的不足。

(1) 缩小差距

在那些年里，市场营销文献广泛讨论了个人购买行为与组织购买行为之间的主要区别。首先，组织的需求具有衍生性。它们购买它们认为客户想要的东西或预见客户可能会要求的东西。其次，组织的采购过程很少由个人负责，通常是由集体决定的。第三，考虑到购买的财务维度通常很高，而且决策的复杂性涉及财务、法律和技术层面，做出购买决定的过程通常也很长。

20世纪70年代，许多有关组织购买的文章相继发表。在早期的作者中，罗宾逊等人将购买过程划分为直接再购、修正回购和全新购买。购买的商品越新颖，购买的不确定性越大，参与做出购买决定的人也越多。采购中心的说法由此产生。

受到Sheth模型（1973）和Webster – Wind模型（1972）广泛关注。两者后来都被公认为适用于广泛的组织环境，因为它们确定了组织购买过程中最重要的变量（Webster，1984）。

上述组织模型的复杂性限制了人们对营销实践的关注，但是它们为形成更为严谨的模型方法做出的贡献却是无可争议的。伴随着与市场营销有关的研究越来越多，汽车行业的组织购买行为变得越来越重要和越来越复杂。

(2) 车队的新兴作用

在主要市场中，随着客户需求的变化，面向组织机构的销售开始占据新车销售的重要份额，这与其他分销渠道中发生的情况类似。与其他市场相比，美国市场上的变化更加迅速且呈现结构化。这些逐步被采用的方式后来在西欧和日本（很小程度上）也得以采用。

1）向员工出售或出租汽车（面向汽车制造商内部车队进行销售），这是第一种形式的发展，尤其是在拥有较多员工的制造商的市场。

2）最初，向经销商网络销售的现象仅限于美国，因为在欧洲和日本，经销商网络实际上根本不存在。

3）租赁车队占组织销售的最大份额，尤其是考虑到全球品牌赫兹（Hertz）和安飞士（Avis）的发展情况。Hertz 公司成立于 1918 年，并逐渐巩固了其市场领导者的地位。它处于所有权频繁更迭的阶段中心。1967 年，Hertz 公司成为美国无线电公司（RCA）的全资子公司。Avis 公司成立于 1948 年，它因在 1962 年采用的企业宣传口号"我们尽力而为"而在市场中一举成名。这一口号表明："我们知道我们是美国第二大汽车租赁公司（第一大为 Hertz 公司），但这就是为什么您应该选择我们的原因，因为我们将全力以赴，致力于超越对手。"⊖租赁车队还有助于为汽车工业引入新的信息技术。1972 年，Avis 推出了 Wizard，这是第一款用于汽车租赁业务的计算机信息和预订系统。

从 20 世纪 60 年代开始到 20 世纪 70 年代，关于租赁公司与制造商之间关系的实践被引入汽车行业，并沿用至今。制造商经常将剩余库存用于租赁车队。一开始制造商就采取了让经销商网络参与管理多余车辆的财务机制，类似于目前的"零公里"二手车。为了支持新车销售，制造商每过一段时间就会从租赁公司回购一定数量的二手车（一旦它们被新的供客户租赁的车所替换）。汽车的剩余价值随着车队获得的市场份额的增加而下降，一些制造商对二手车进行直接管理。与租赁公司的关系已成为制造商发展战略中不可或缺的一部分。当制造商流动资金过剩并考虑如何进行投资时，它们会选择直接或间接购买租赁公司（如福特－赫兹）的股权。

⊖ 在 2012 年重新打造品牌之前，这个口号已经使用了 50 年，期间，Avis 有一个新口号："这是你的空间"。

参考文献

Buzzell R(1964)Marketing models and marketing management. Harvard University Press, Boston.

Dawson M(2003)The consumer trap: Big business marketing in American life. University of Illinois Press.

Holweg M, Oliver N(2016)Crisis, resilience and survival. Cambridge University Press.

Robinson PJ, Faris CW, Wind Y(1967)Industrial buying and creative marketing. Allyn and Bacon.

Rosengarten P, Stuermer C(2006)Premium power: The secret of success of Mercedes Benz, BMW, Porsche and Audi. Palgrave.

Rubenstein J(2014)A profile of the automobile and motor vehicle industry. Business Expert Press, New York.

Sheth J(1973)A model of industrial buying behaviour. J Mark 37(4): 50-56.

Smith G(1973)Market segmentation and advertising strategy in marketing strategies. In: Bailey E(ed)Conference board in marketing strategies. A symposium. 1974. The Conference Board, New York.

Taylor A Ⅲ(2010)Sixty to zero: An inside look at collapse of General Motors and the Detroit auto industry. Yale University Press.

Tilles S(1974)Segmentation and strategy. In: Deimler MS, Stern CW(2006)The Boston Consulting Group on strategy. John Wiley & Sons, Hoboken, New Jersey, pp. 139-140.

Webster F(1984)Industrial marketing strategy. Wiley, New York.

Webster F, Wind Y(1972)A general model for understanding organizational buying behaviour. J Mark 36(2): 12-19.

Winger R, Edelman D(1989)Segment-of-one marketing. The Boston Consulting Group, Boston, MA.

第13章 大规模定制：营销的另一项突破

> **本章摘要**

20世纪90年代，在技术和客户期望进一步变化的推动下，汽车行业的营销策略取得了又一个突破。为了追求卓越，一些汽车制造商成功地引领了向大规模定制的转变。在20世纪90年代初期，价值链的批量生产和批量分销这两个阶段部分混合在一起。导致这一变化的有三个关键因素：①批量生产过程的限制；②社会阶层、年龄差异、生活方式差异和收入分配的不均，这些因素降低了市场的同质性，使之趋向非同质化；③需求的不稳定，从卖方市场到买方市场。取代同质市场、标准化产品及较长的产品生命周期，新的市场结构出现了，这包括异构且分散的市场、产品的多样性及缩短的产品生命周期。互联网大大提高了大规模定制的可能性。汽车制造商有能力按照客户要求将组件和模块在交货前的最后一分钟组装在一起。批量生产的主要目标是以足够低的价格开发、生产和销售"几乎人人都能负担得起"的汽车；大规模定制的主要目标是开发、生产和销售价格合理的汽车和服务，以便"几乎人人都能找到他们真正想要的商品"。

1. 变化的三个主要因素

在20世纪90年代初期，两种对立的管理方相结合或相融合，即批量生产和批量销售。这一变化有三个主要驱动因素：①批量生产过程的限制；②市场同质性的降低；③需求的不稳定（Pine和Gilmore，1997；Gardner和Piller，2009）。

这些因素起源于之前的几十年，但逐渐开始产生巨大的影响。

(1) 批量生产过程的限制

批量生产的前提是维持生产过程的高效，这需要有稳定的投入、生产和产出。20世纪80年代，这一稳定性通过管理控制这些变量来获得。然而，情况发生了改变。

1）投入。人工及原材料和零件成本是主要因素。通过不断提高劳动力的生产率，劳动力成本的相对稳定性及其偶发性的降低得以实现。稳定的销售价格通过高度纵向整合来获得。当20世纪70年代生产力开始下降时，大规模生产以降低成本的能力也随之减弱⊖。

2）需要更大的灵活性。产品和制造的标准化流程被分解为特定的小任务，这赋予了生产过程的稳定性，同时也促进了高度专业化的设备和员工的形成。市场分散促使生产流程更加灵活，但降低了保持稳定生产量的能力。

3）产出。管理层通过在短期内控制库存，来控制需求变化所产生的影响。为了提高效率，生产率需要尽可能保持稳定。这些指标根据需求预测来设置。如果需求下降到一定水平以下，短期内通过调整库存，使生产率保持稳定。如果需求长期持续下降或下降幅度增大，则需要对生产能力进行调整，包括解雇现有员工。市场上的需求经常出现大幅波动，尤其是在第一次和第二次石油危机期间（分别发生在1973年和20世纪70年代末）。

(2) 市场同质性的降低

同质市场是启动规模经济的重要因素。20世纪70年代初发生的石油危机标志着客户期望发生改变的时代开启了。社会阶层、年龄和生活方式的差异及收入

⊖ 20世纪70年代初期，石油价格的大幅上涨导致了高度不稳定性，对生产成本带来负面影响。例如，通过规模经济降低成本，使产品价格降低成为可能，从而使提高市场份额成为可能。单位劳动力成本是主要变量。为了降低成本，需要降低实际工资或提高劳动生产率。从20世纪70年代开始，情况不再与过去一样。特别是，生产力在各个方面都有所下降，或者以比过去几十年提高的速度都慢。所以，实现价格降低和提高市场份额这两项对促进规模经济至关重要的因素的可能性没有了（Pine II，1993）。

分配不均促使市场同质性降低,并向非同质化方向发展。因客户的需求和需要变得非常不确定,很难找到由同一制造商生产的单个产品或有限数量的产品来满足所有需求。更可能的是,这些产品由许多寻求尽可能高的利润的利基制造商提供。

(3) 需求的不稳定

创造规模经济的前提是市场需求必须在结构上保持稳定。也就是说,就其组成要素而言,没有剧烈的波动,没有剧烈的上升或下降。只要某一产品的需求是稳定的、可预测的,那么生产水平也是稳定且可预测的。与之相反,当需求被分成很多碎片时,生产量很难预测,生产计划陷入困境,规模经济的效果发生退化。

有两个特定因素导致需求的稳定性降低,并迫使公司采用新的营销策略:买家谈判能力的提高、能提供更多样化报价的新技术。

1)处于饱和或趋于饱和的市场,即使因周期的衰退而处于危机之中,谈判权也在参与交易的各方之间发生变化、转移:从卖方市场向买方市场转变。由卖方"统治"的市场被由买方"统治"的市场所取代。由于经济环境的多变和市场被分割成几个细分市场或利基市场,需求的走向变得非常不确定,并难以预测。公司的投资风险也相应增加,许多人持有"观望"态度,决定不投资,或限制投资金额。

2)新技术和新生产方法的引入导致市场需求稳定性的降低,例如:①精益生产使汽车行业实现低成本、高质量标准、小批量生产;②计算机技术参与制造,使得产品设计更加经济,并能实现更高的产品多样性。

(4) "脱成熟化(De-maturity)"

行业的脱成熟化必然会影响市场营销策略,从而增加产品数量,并为大规模定制铺平了道路。"脱成熟化"一词由 Abernathy、Clark 和 Kantrow 于 1983 年提出。这意味着汽车工业已进入持续创新阶段,而不是与已经成熟的行业一样,面临产品创新和过程创新的下降。

事实上,在 20 世纪 80 年代和 20 世纪 90 年代初期,汽车行业呈现出高度的产品创新和过程创新。一方面在众多创新中,产品创新为业界带来全轮驱动、安全气囊、控制更多功能的微处理器及红外夜视显示器等导航系统。另一方面，过程创新为制造业发展了自动化技术，如焊接机器人和喷涂机器人，更不用说由日本引入的工艺创新的推广（如准时生产和全面质量管理在西方国家变得非常流行）。

2. 向批量定制转变

汽车工业的状况在不到 10 年的时间内发生了变化。建立在稳定和需求控制基础上的、过时的大规模生产规则不再具有可持续性。以标准化产品和长产品生命周期为特点的同质市场被新出现的市场结构所取代。该结构的特点是异构分散市场、产品种类繁多、缩短了的产品生命周期。汽车制造商为此做出的回应是"批量定制"（Pine 和 Gilmore，1997；Gardner 和 Piller，2009）。后来，从 20 世纪 90 年代初开始，互联网极大地提高了大规模定制的可能性。汽车制造商能够在交货前最后一分钟按客户要求组装零件或模块。

批量生产的主要目标是以足够低的价格开发、生产和销售"几乎人人都能负担得起"的汽车。批量定制的目标则是开发、生产和销售价格合理的产品和服务，以实现"几乎人人都能找到他们真正想要的商品"（Pine Ⅱ，1993）[一]。

表 13-1 对批量生产和批量定制的特征进行了比较，是对上述研究内容进行的总结。

随着汽车市场需求变得不稳定，各种各样的细分市场、利基市场取代了原有的标准化产品市场。谈判权从生产者转移到购买者，购买者需要能更好地满足他们期望的产品。汽车制造商提供的产品种类繁多，这就要求制造过程具有灵活性，因此必须改变生产系统。同时也需要更短的开发周期和产品周期，以及通用

[一] 批量定制是一种"生产过程，将批量生产与量身定制（按订单生产适合特定需求的产品）结合起来。产品满足客户的个性化需求，因此没有完全相同的两个产品"。批量定制采用一些在批量生产中使用的技术。例如，产品基于少量平台、核心组件。就手表而言，可以在生产的后期通过各种选项进行个性化设置。对于汽车产品而言，这样的情况也越来越多。即使像宝马这样的传统批量生产制造商，也以没有两辆完全相同的产品为荣。

机械和高技能工人。

表13-1 批量生产和批量定制的特征比较

比较项	批量生产	批量定制
焦点	通过稳定性和控制实现高效	通过灵活性和快速响应实现多样性和定制
目标	开发、生产、营销,并以足够低的价格提供商品和服务,以实现几乎人人都能负担得起	开发、生产、营销,并提供足够多样化和定制的买得起的商品及服务,以实现几乎人人都能找到他们真正想要的商品
主要特征	<ul><li>需求稳定</li><li>大型同质市场</li><li>低成本、质量稳定、标准化商品和服务</li><li>产品开发周期长</li><li>产品生命周期长</li></ul>	<ul><li>需求分散</li><li>异质性利基市场</li><li>低成本、高质量、定制产品与服务</li><li>产品开发周期短</li><li>产品生命周期短</li></ul>

注:根据 Pine Ⅱ (1993) 的文献第47页整理。

定制意味着密切满足消费者的期望和需求,这通常允许生产者收取更高的价格。由此产生的更高利润可以用来平衡由生产少量某一细分需求产品所导致的生产效率的损失。

(1) 一系列新目标

在批量定制中,公司职能的目标发生了部分改变。批量生产以在所有过程中均实现高效率为导向,而批量生产则把优先权给予生产过程。批量定制的研发致力于渐进式创新,而以前的创新着力于引入根本性的创新,如福特的装配线和巴德的全钢车辆。金融和会计职能是支持公司的战略,为公司做长期和短期决策提供有用的信息。而"旧竞争"的主要目标是生成外部融资报告。市场营销功能发生了巨大的变化,这些变化影响更加深远,见表13-2 (Webster, 1988)。

表13-2首先简要比较了市场营销功能从"旧竞争"到"新竞争"的演变,然后总结了相对于"旧竞争"的不利影响来说,"新竞争"的积极影响有哪些。

表 13 – 2 "旧竞争"与"新竞争"的市场营销功能

"旧竞争"	"新竞争"
重点	重点
将低成本、标准化的产品销售给大型同质市场	通过满足客户的需求和欲望来获得市场份额,先是国内市场,然后是出口市场
主要好处	不利影响
稳定、可预测的需求	过于"迷恋"技术
不利影响	积极影响
忽略许多客户的需求和需要	快速响应客户需求变化的能力
心怀不满、不忠实的客户	—
放任利基市场不管	填补利基市场的特殊需求
细分市场的撤退和回避	市场接管
缺少出口	通过国内和出口市场实现高销量
—	技术密集型产品

注:根据 Pine Ⅱ(1993)的文献第 128 页整理。

(2)"旧竞争"的不利影响

在"旧竞争"中,大量的低成本、标准化产品销往同质市场,使用的营销手段能带来更可预测的需求,但也存在很多不利影响并开始显现其影响后果。

1)向同质市场销售大量标准化产品可以实现低价格,但自然会忽略标准中没有包含的内容,也拒绝承认某些客户的需求和需要。通过这种方式,公司很可能会失去相当大的市场份额,留给竞争对手去获取。与此相反,"新竞争"试图通过填补尽可能多的利基市场来获得市场份额。亨利·福特做出这种选择导致其市场领导地位的丧失。20 世纪 20 年代,批量生产使 T 型车的价格持续下降,但消费者已经发生了变化,低价不足以说服他们进行购买。有些客户想要创新,并愿意付出适当的高价来获得,对于这部分汽车市场,福特留给了通用汽车。相比之下,通用汽车能够快速响应不断变化的客户需求。

2)在"旧竞争"中,汽车制造商的目标是销售已经生产完成的产品。如果低成本不足以保持需求稳定,那么汽车制造商就会大量使用广告和价格促销。汽车制造商再一次放弃理解并响应客户需求的做法。但是,如果客户被说服并购买他们并不真正想要的产品，那么他们对产品的不满意就会很快地显现出来。最终，这导致客户失望及品牌忠诚度下降。

3）当批量生产商拒绝改变其"向同质市场出售标准化产品"的策略时，更灵活的竞争对手有机会将整个市场分散成越来越多的细分市场，并用更符合客户期望的产品来填补市场空缺。通常而言，对新竞争者开放市场壁垒会为其日后占领市场主导地位铺平道路，如日本厂商在美国和欧洲的某些细分市场获得成功。

4）新竞争者进入行业时，会以那些被市场主导者忽略或仅提供部分服务的细分市场为起点，通常是低端、低利润率的市场。新竞争者的长期目标是在稍后稳固其市场地位，引入创新，销售种类繁多的产品。批量生产者则倾向于从这些细分市场中退出，避免竞争，因为其预估的可获得的利润率水平不足以促使他们参与竞争。这样的例子有很多，新竞争者面对原来主导者的有限抗争，征服了一个又一个的细分市场，直到他们在整个市场中占据了重要地位。在美国，日本汽车制造商在"三巨头"有意忽略的细分市场上占据主导地位。现代（Hyundai）和起亚（Kia）在西欧采取了相同的行动方针。

5）因为选择了向同质市场大量销售低成本、标准化产品的营销策略，制造商放弃了跨国销售，因为这通常需要进行调整来满足当地需求。其后果之一（通常是主要后果）是需求变得更加不稳定，这是因为制造商只能完全依赖于原产市场。另一个不足之处是公司丧失了从应对不同传统、市场结构、满足不同消费者的要求中获取营销经验的机会。

(3)"新竞争"的积极影响

在表13-2中，Pine Ⅱ逐条列出"新竞争"的积极影响因素来与"旧竞争"的"不利影响"进行对照：①快速响应客户需求变化的能力；②填补利基市场的特殊需求；③市场接管；④通过国内和出口市场实现高销量；⑤技术密集型产品。我们简要地对这些效果进行讨论。

1）当汽车制造商推出新产品时，其并非总能确信自己已经确定将占据哪个细分市场，因为消费者的购买行为在不断变化，竞争者的营销策略也在不断变化。如果消费者的反应与预期不同，那么汽车制造商必须迅速调整产品议案。通常，汽车制造商会根据消费者的反应对新产品或现有产品进行改良。这些都需要快速响应。鉴于投资规模巨大，汽车行业倾听"消费者心声"非常重要。

2）在"旧竞争"中，汽车制造商并不打算覆盖整个市场。因为其寻求的是稳定的、同质的市场需求，所以仅能通过这两个特征来确定营销目标。在这种情况下，汽车制造商为新竞争者敞开了大门。这些新竞争者通过填补细分市场的特殊需求而确保其市场份额。为了获得成功，新竞争者需要了解客户，并在提供各种产品方面保持灵活性。

3）信奉批量定制的公司永远不会停止寻找细分市场。这些公司从自身已经占据的细分市场转移到相邻市场，不断努力寻找新的利基市场；通过满足新的需求和需要，将更广阔的市场分散成细分市场。汽车制造商在"旧竞争"中以不同的方式获取成功。当新竞争者进入一个行业时，其会从现有制造商忽略的或仅提供部分产品和服务的市场开始着手。批量生产者倾向于退出这些细分市场并避免竞争，因为其预计的利润水平并不值得对此做出回应。

4）在"旧竞争"中，汽车制造商放弃了产品出口的机会，因此也错过了了解不同文化、不同客户需求及如何通过提供多种产品来应对不同需求的机会。在"新竞争"中，营销策略发生了逆转。管理层意识到在出口市场上获得市场份额需要很长时间，并且有可能在很多年都几乎不会产生利润，但是从长远来看，提供适合当地需求的产品可以获得回报。

5）在各种各样的细分市场和利基市场中竞争，对磨炼研发部门寻求渐进式创新是一股强有力的刺激。产品品种增加越多、技术研究越深入、技术密集型产品投放市场越多，有待探索的新领域也越多，正如"无人驾驶"技术的进步所证明的那样。

根据 Pine II（1993）的研究，在启动批量定制策略后，降低单个产品和服务的生产成本这一目标主要通过五种方法来实现：①开创能够根据客户需求进行调整的产品和服务（可定制的）；②在交付客户之前，将标准化产品及定制服务进行整合；③提供交货地点定制，从而也确保经销商定制；④在整个价值链中快速响应客户的需求；⑤组件模块化以确保最终产品和服务的定制更加容易实现。

3. 了解人与车

20世纪70年代，最富裕的国家呈现汽车车型泛滥和市场饱和的状况。就交通方式和车辆选择而言，市场营销也开始受到消费者行为的影响。很多研究已经对这些方面进行了深度探讨，并试图确定哪些因素对此类选择的影响最大（Kohler，2006；Newman，2013；Small，2013）。Whitmarsh和Xenias（2015）找到两类影响消费者购车选择的因素：①影响购买者选择交通方式的因素，即如何旅行；②影响车辆选择的因素。这些旨在了解消费者行为的研究，在某种程度上改变了营销方式。在此之前，心理学和人口统计学已经成为市场细分和市场定位的主要使用工具。

（1）交通方式的选择

交通方式的选择受到各种因素的影响。有些因素更为重要。这在很大程度上取决于环境背景。例如，在公共交通稀缺的农村地区，汽车对许多人来说是无法替代的；而在城市地区，则有多种替代的交通方式存在。

Whitmarsh和Xenias观察到在汽车使用中存在"行为锁定"现象，这使某些观念很难改变。私家车是富裕阶层的主要个人交通工具，并且城市结构也是围绕着道路网络和汽车交通的需求而构建的。习惯驾车的人不会认真考虑其他交通方式，即便那些方式可能更好；反之，他们倾向于夸大那些替代模式的缺点。所以，对于交通方式选择的预测相当复杂。两位作者得出的结论是："模型选择通常是由无意识的习惯和可用的基础设施决定的"。

（2）车辆的选择

车辆所有权可以根据收入和其他社会经济因素来预测，包括年龄、家庭规模、驾车人数。车主的生活方式和个性也对选择有影响。从心理学的角度来看，车辆选择还受非理性经济因素的影响。车主经常低估运营成本，并忽视固定成本。考虑到买车付出的高昂费用，他们越发强迫自己经常使用汽车。汽车通常是"炫耀性消费"的符号。Veblen于1953年首先描述了这一概念，当时他观察到对某些产品而言，需求定律不适用，甚至被彻底推翻了。某些人买车是因为这要花很多钱。他们的目的是用汽车来传达他们所拥有的财富和权力。因此，车辆的选择常常忽视经济因素，并且通常"由身份、地位、人际交往等社会因素决定"。

参考文献

Abernathy W, Clark K, Kantrow A (1983) Industrial renaissance: producing a competitive future for America. Basic Books, New York.

Gardner D, Piller F (2009) Mass customization. Happy About, California.

Kohler J (2006) Transport and the environment: the need for policy for long term radical change. In: IEE Proceedings intelligent transport systems 153 (4): 292–301.

Newman D (2013) Cars and consumption. Capital Class 37 (3): 454–473.

Pine II J (1993) Mass customisation: The new frontier in business competition. Harvard Business School Press.

Pine B, Gilmore J (1997) The four faces of mass customisation. Harvard Bus Rev 75 (1): 91–101.

Small K (2013) Urban transportation economics. Routledge, London.

Veblen T (1953) The theory of the leisure class. Mentor Books.

Webster F (1988) Rediscovering of the marketing concept. Business Horizons 31 (3): 29–39.

Whitmarsh L, Xenias D (2015) Understanding people and cars. In: Nieuwenhuis P, Wells P (eds) The global automotive industry. Wiley.

第 14 章 为创造价值新模式做好准备

> **本章摘要**

20世纪90年代中期,在西方市场上,产业和技术的发展伴随着竞争优势从"上游"活动向"下游"活动转移。信息中介出现了(如Autobytel.com),并在分销领域夺走了汽车制造商的权力,赋予消费者更大的权力。重心移向"下游"领域,因此也移向市场营销,这需要修改很多原则。这也为新竞争者进入市场铺平了道路。汽车行业对这些威胁进行了反击。价值迁移比预期的更具弹性,但是对主流汽车制造商的管理层来说,这一变化显然要求对重要的战略问题做出回应,例如,"利润将会在新型数字基础架构的哪里出现?""我们该如何重塑我们的业务,以便能比竞争对手更好、更快地利用新机遇?"对这些问题的回应,涉及对新数字技术的合并与同化。在21世纪初期,汽车行业转型的优势已经明确。信息技术已开始作为一种工具被深度整合进市场营销研究及其他主要功能:从采购到产品设计、从物流到制造、从营销到售后服务。产品能够得以更好地设计和制造。客户的反应和期望可以被快速理解和分析。汽车变得更加可靠,需要更少的维护及极少的修理。

到20世纪90年代中期,数字技术进步在汽车行业的影响已开始为人所知。信息中介出现了(如Autobytel.com),并在分销领域夺走了汽车制造商的权力,赋予消费者更大的权力。市场营销需要再一次进行调整以适应变化。汽车制造商在很大程度上通过投资产品"核心",即动力总成和变速器,来保持自己的实力和客户品牌忠诚度,并通过使用新技术以更好地满足潜在消费者的需求。但是,由数字时代引发的转变已势不可挡。

Autobytel.com 公司总部位于美国加利福尼亚州尔湾。它在 1995 年由汽车经销商 Peter Ellis 建立。公司网站为购车者提供了汽车型号和价格相关的大量信息。在 21 世纪初,北美有大约 3000 家汽车经销商与它合作,并向其支付月费以维持在其网络中的资格。当有购车意向的消费者登录 www.autobytel.com 时,他们可以查看在售车辆的多项特征:从价格到融资选择、从车险类型到评论者的评论。如果消费者没有特定的车型想要考虑,他们可以指定价格范围及其所需的功能,Autobytel 在界面上列出相应的符合条件和可用于购买的车型选项。当消费者确定了自己选择的各种要素之后,根据要求,Autobytel 显示该车型有哪些经销商有现货可供交货。在 24h 内,与该网络关联的经销商必须与客户联系并发送报价,且要提供无须讨价还价的报价。J.D.Power 公司预测在 20 世纪 90 年代末,Autobytel 将成为汽车行业中领先的电子零售商,销售额占所有互联网销售新车的 45%(Boulton 等,2000)。

1. 现实已经开始

正在发生的变化动摇了汽车行业的营销策略。与汽车行业中其他信息中介一样(如 Autoweb),Autobytel 在网络上出现,并取得了客户关系的控制权。在 *Unbundling the Corporation* 一书中,Hagel Ⅲ 和 Singer 观察到 Autobytel 让潜在客户和经销商双方都受益。Autobytel 收集潜在客户的信息和偏好,基于此信息,把有购车兴趣的潜在客户和可提供满足他们要求的产品及报价的经销商联系在一起。

因此,传统汽车经销商的角色不可避免地发生了变化,汽车公司不得不重新考虑其营销策略。

1)信息中介从传统经销商手中夺走客户关系的获取和管理权。因此,经销商在汽车售前和售后都失去了一部分客户关系业务,但他们仍然掌握着销售展厅和售后服务。

2)信息中介获得了潜在客户提供的大量信息,因此他们能够更好地了解到促使潜在消费者购买某种车型的动因。

3）因此，信息中介还可以更好地协助客户选择融资方式及最好的保险套餐。它们可以列出一系列最佳的维修店、最佳的救援服务及其他服务的提供者。它们还可以承担起提醒客户何时应进行定期维护和大修的责任。Hagel Ⅲ 和 Singer（1999）表明，虽然汽车制造商也可以为购买其产品的客户提供这些服务，但它们无法获取信息中介在售前阶段就能收集到的所有信息。因此，它们无法掌握所有相关信息，不能全面了解为什么消费者选择它们的某个产品，而不是其他竞争对手的产品（Carr，1999）。

这一转变可以追溯到很久以前。1989 年，当互联网被广泛应用时，日内瓦欧洲核子研究（CERN）的研究人员 Tim Berners 提出了把存储在不同计算机上的数据联接在一起的想法。这是一个突破点，因为截至那时，互联网一直是技术专家和科学家才使用的工具。1991 年，当 CERN 在互联网上创建第一个网页时，大量的个人和组织都已拥有开展直接的信息交流所需的计算机这一工具。互联网的发展很快出现成倍增长。从那时起，互联网、网络和数字媒体缓慢但却势不可挡地改变着市场营销和商业，尤其是对汽车行业。

互联网为客户提供广泛的产品和服务选择，这是一种"快速选择买什么，并以最优惠的价格购买"的方式。对于营销而言，互联网使公司进入新市场和展示新产品成为可能。最为重要的是，它为小公司提供了与大公司竞争的机会。它不仅赋予汽车行业营销能力，显著扩大公司可接触到的群体，也能锁定目标客户（预期客户）并与之联络，使沟通更加精准和高效。

在 2000 年出版的 *Internet Marketing* 一书中，Chaffey 等人强调，在 21 世纪初，许多公司的营销部门开始反思：随着互联网的到来，传统市场的概念、理论和工具是否仍然有效，以及分销渠道、沟通方式和品牌忠诚度策略可能会发生何种改变。

互联网对营销管理的影响很大程度上取决于公司的特征。以电子为基础的公司可能会受到非常强烈的影响，而对大型分销公司（如联合利华）及以实体产品为主的公司（即海洋和航空建筑、汽车和机械结构）的影响相对较小。在营销管理中，根据营销组合的要素可以预见不同的效果；在互联网无处不在的情况下，对地点和促销这些因素的影响相当大。就定价和产品而言，这些影响不容忽视。物联网（Internet of Things，IoT）即将出现。

在汽车行业，消费者越来越频繁地上网进行研究、比较、评估，并做出他们的购买选择。他们将报价车型的质量和他们的期望进行比较，并在此基础上做出选择。然后，他们才前往实体店与经销商谈判价格、完成交易。

2. 向下游转移

另一个因素也推动了行业和市场的变化。20世纪90年代末，随着行业和技术的发展，西方市场开始出现竞争优势从上游（供应商）向下游（售后服务）的转移（Tapscott 等，2000；Jacobides 和 MacDuffie，2013）。

几十年来，汽车制造商一直主要在上游寻求、获得竞争优势；寻求如何以较低的成本获得生产要素，如何使生产过程的效率更高，如何建设更大的设施以获得更大的规模经济，如何设计和开发新产品。然而，这些方法已经在很大程度上被模仿，并且与之相关的优势已逐渐势不可挡地在消失。汽车制造商的重心已移向下游领域，这涉及营销，需要对众多营销原则进行修订。

21世纪初，达瓦尔（Dawar）在《哈佛商业评论》杂志上发表题为《当营销成为战略》的文章，他写道："现在，竞争优势的源泉和地点在公司外部……"这在汽车行业中也是如此。从最佳的一线供应商那里采购、位列最有价值的联盟，通常能使公司在竞争对手中脱颖而出。营销选择变得越来越重要，因为拥有最好的产品已经远远不够；有必要选择最合适的目标市场，并以相较于竞争对手最有效的方式将产品定位在市场上。这是因为，市场的变化越来越受客户购买标准的影响，而不受实质性产品改进的影响。

3. 经受住变革之风

技术的进步具有颠覆性的作用，价值链各阶段的价值不再像过去一样稳定，在很多行业中开始向上游或下游迁移。这导致公司策略具有更大的不确定性，并为新的竞争者进入市场铺平道路。

汽车行业经受住了这种威胁，它比预期中对价值迁移更具弹性。和许多人的想法相反，主流汽车制造商一直控制着价值链。1999 年，权威专家曾预测，汽车行业将和个人计算机行业有相同的命运。在个人计算机行业，IBM 等老牌企业失去了权力，价值（资本和利润）向供应商转移，特别是微软和英特尔公司。在1999 年出版的《大型供应商的曙光》（*The Dawn of Mega Supplier*）的报告中，贝恩公司预测：新的巨型供应商将通过能够在整个原始设备制造商（OEM）之间进行标准化的汽车系统设计，在汽车领域取得举足轻重的地位㊀。

根据这一预测，汽车行业的利润主要向能够提供标准化形式和部件的供应商转移。领先的汽车制造商，如通用、福特、戴姆勒、宝马和丰田等受限于"仅仅组装和销售由这些部件组成的汽车"，就像在计算机行业发生的情况一样。尽管它们都采取并继续采取外包方式（创造 70%～75% 的最终价格），尽管老牌公司之间的竞争非常激烈并且仍然非常激烈，但是大部分主流汽车制造商都保持着相对的市值份额和利润。价值仍主要保留在 OEM 手中，并没有向上游或下游转移。当然，博世（Bosch）、大陆（Continental）和 TWR 等一线供应商已经稳固地在供应链中处于领先地位，但这仅略微削弱了主流汽车制造商的实力。

正如 Jacobides 和 MacDuffie（2013）所观察到的，汽车制造商和其他大型公司（如苹果和谷歌）能够通过以下三种主要方式保持对价值链的控制：控制最不可能商品化的资产；充当最终客户的质量担保人；密切关注客户需求变化。

（1）控制最不可能商品化的资产。

OEM 作为"系统集成商"，成功地保持了强大的能力，即把组件和模块组装成最终产品的能力。过去 40 年来的事实证明了这一点：没有任何一个新进入者能够成功地站出来和行业中的主流制造商进行对抗。按时间顺序，最近的新进入者是韩国现代公司。麦格纳（奥地利）和瓦尔内特（芬兰）也仅代表主流制造商（包括戴姆勒和宝马）组装个别车型。印度和中国制造商也未能击败来自外资企业与本土公司组成的合资企业的竞争。这些制造商选择在高端、豪华细分市场上兼并老品牌。例如，Tata（印度）收购捷豹和路虎，吉利（中国）收购沃尔沃。虽然特斯拉成功地获得了更多进入汽车行业的机会，但多年来，电动汽车仍

㊀ 引自 Jacobides 和 MacDuffie（2013）的文献。

然是利基市场。

主要参与者如何成功保持控制呢？首先，相较于组装计算机和其他产品（公司遭受了新技术的颠覆性影响），汽车生产中零部件和模块的集成需要更多更复杂的技术。其次，汽车制造商在动力装置和变速器方面进行了大量投资。这些部件总成在很长一段时间内（现在仍然）注定是汽车产品的"核心"。最后，主要参与者避免依赖单一供应商，甚至以维持或恢复垂直整合形式为代价。

（2）充当最终客户的质量担保人

市场营销对新技术做出直接响应。汽车制造商大力维护自身作为最终生产商的形象，尽可能做到不在产品上保留任何能引起关注的供应商品牌，以至于很少有客户知道他们的车辆供应商，即使后者提供了极其重要的部件，如 ABS、EPS 和安全气囊。轮胎品牌是此规则的少数几个例外。计算机行业的情况并非如此。微软和英特尔设法获得了远比组装商更大的认可度（和市值）。IBM 不得不将个人计算机业务出售给中国联想公司。在汽车行业，"充当最终客户的质量担保人"尤其适用于高端制造商，如奥迪、宝马和奔驰。作为最终产品质量的唯一担保人的同时，当客户投诉质量问题时，制造商也为故障承担责任（除非故障是由特定部件引起的，此时向供应商索赔）。这种责任预设意味着潜在成本，但在营销方面却有着强大的竞争优势。

（3）密切关注客户需求变化

汽车行业在过去的那些年中，消费者的最终需求没有发生显著变化：个人移动设备、燃油效率、功能和情感属性。在 21 世纪初，威胁来自电动汽车，而无人驾驶汽车还很遥远（Egbue 和 Long，2012）。在汽车工业的历史上，我们有很多成功的例子，因为新产品引入市场对新需求进行了诠释，如箱式旅行车、运动型多用途汽车（SUV）和跨界车（Crossover）。

4. 寻求制胜法宝

虽然阻断了价值向上游（对某些供应商有利）和下游（经销商和消费者）转移的威胁，但是对于大型汽车制造商的管理层而言，这一变化很显然需要他们对具有战略意义的重要问题进行回应,例如:"在新的数字基础设施中,利润从何而来?""谁会把握住它们?""我们应如何重塑业务,比竞争对手更好、更快地利用新机遇?"(Carr,1999)。

AutobyTel 和 Autoweb.com 的案例表明,汽车行业所受的影响绝对不容忽略。

与此同时,汽车制造商的营销管理部门也在试图把握数字技术带来的机遇,管理公司与客户的关系,使其成为自身的竞争优势。例如,互联网的传播使通用汽车和其他汽车制造商确信:未来不仅要转变"汽车制造商"的身份,而且要成为"信息中介"。汽车制造商曾尝试向餐馆、服务站和零售商提供付费信息,让它们了解何时会有车辆经过其附近。但是,汽车制造商认为充分利用这个机会的时机尚不成熟。

毕竟,在现今的道路上,驾车人平均每周在大约 7000 万辆通用汽车中度过 8.5h。相比之下,American Online 的 2200 万订户每周在线 7.5h。每辆通用汽车中的每一个人的信息对其他市场的营销来说都有巨大价值。例如,壳牌和德士古(Texaco)愿意为了了解汽车油箱中还剩下多少油而付费。零售商和餐馆老板愿意付费了解何时有车辆驶过附近。服务站会付费访问通用汽车的历史服务记录。将汽车视为信息设备,通用汽车提供能够使车主和公司关系更紧密的服务的同时,也极大地提高了自身可从每辆车获取的价值(Kenny 和 Marshall,2000)。

在 21 世纪初,汽车行业转型的优势显而易见。信息技术已开始作为一种工具被深度整合进市场营销研究和其他主要功能:从采购到产品设计、从物流到制造、从市场营销到售后服务。产品得以被更好地设计和制造。客户的反应和期望可以快速得到了解和分析。汽车变得更加可靠,需要更少的维护,以及极少的修理。然而,也存在问题。

20 世纪 90 年代,汽车软件和电子器件的成本增加。有两种影响注定要受到重视,甚至是持续的重视。首先,电子器件技术和软件的发展以指数级速度增长(远远高于机械零件的发展速度)。随着时间的推移,电子器件和软件变得比机械零件更好、更便宜。在智能手机和其他数字设备行业中经历过这种趋势的客户，对汽车行业的趋势响应持有相同的期待。另一方面，汽车制造商在不断丰富技术的同时，需要在维持和降低价格之间做出选择。大多数制造商做出第二种选择，这不仅使竞争更加激烈，而且还意味着客户仅利用并欣赏高价格提供的一部分功能。

5. 确定竞争对手

20世纪90年代后半期，数字技术的发展使得竞争对手分析及自身在竞争中所处的位置分析在汽车制造商的营销策略中起重要作用。尽管技术带来许多机遇，但和以往的情况相同，对竞争对手的分析受到两方面因素的限制：有限的资源和通过精确定位来确定市场区域的需要。营销管理无法逐个研究每个竞争对手的竞争能力，这一点很快变得清晰起来。因此，需要一种技术来限定分析范围，并更加高效地利用资源。

在1997年出版的《以市场为基础的管理模式》（*Market based Management*）一书中，Best提出构建"知觉图"（perceptual map）的建议。从这样的原则出发，潜在消费者越了解两个制造商的报价，他们从一个制造商转向另一个制造商的可能性就越大；另外，他们能看到的竞争对手彼此之间的差距越大，他们转换制造商的可能性就越小。此外，潜在客户能够分配不同的权重（比例）来衡量竞争者所能提供的产品与他们理想中的产品或供应商之间的差距。根据消费者的认知和权重（比例），可以创建一个"知觉图"，这对于了解竞争地位、确定可以作为基准来考虑的竞争对手非常有帮助。

下面是一个使用"知觉图"来确定哪些竞争对手可以作为基准的例子。

> 豪华车市场。20世纪90年代中期，沃尔沃700、梅赛德斯420、宝马525、林肯Towncar、别克Regal和本田Prelude在美国的豪华车市场上被视为竞争对手。沃尔沃700和宝马525在"知觉相似性"方面非常接近，而林肯Towncar和本田Prelude被评为"非常不同"。潜在客户对这六个品牌与其理想汽车之间的差异进行评估。评估产生了两个不同的细分市场，分别为细分市场A和细分

市场B，具有不同的客户需求和产品差异。细分市场A的理想车型与沃尔沃700、宝马525、别克Regal和本田Prelude最为接近。因此，在细分市场A中，客户有可能选择的车型限于这四个品牌。因此，在别克Regal的市场营销中，需要将沃尔沃、宝马和本田作为服务细分市场A的主要竞争对手，尽管梅赛德斯420和林肯Towncar也和它非常相似。另一方面，如果别克Regal对服务细分市场B更加感兴趣，那么梅赛德斯420和林肯Towncar则成为它的竞争对手。

品牌之间的差异可以用二维图表示。这有助于确定公司在给定细分市场中的竞争对手，以及和竞争对手相比，公司在吸引潜在客户方面的竞争地位。

参考文献

Best R (1997) Market based management. Prentice Hall.

Boulton R, Libert B, Samek S (2000) Cracking the value code: How successful businesses are creating wealth in the new economy. HarperBusiness.

Carr G (1999) (ed) The digital enterprise. Harvard Business Review Book.

Dawar N (2013) When marketing is strategy. Harvard Bus Rev 91 (12): 100 – 108.

Egbue O, Long S (2012) Barriers to widespread adoption of electric vehicles: an analysis of consumer attitudes and perceptions. Energy Policy 48: 717 – 729.

Hagel Ⅲ J, Singer M (1999) Unbundling the corporation. In: Carr G (ed) The digital enterprise. Harvard Business Review Book.

Jacobides M, MacDuffie J (2013) How to drive value your way. Harvard Bus Rev 91: 92 – 100.

Kenny D, Marshall J (2000) Contextual marketing: The real business of Internet. In: Carr G (ed) The digital enterprise. Harvard Business Review Book.

Tapscott D, Ticoll D, LowyA (2000) Digital capital: Harnessing the power of business web. Harvard Business School Press.

第 4 部分

数字时代：

营销方式的变化

汽车营销 4.0
数字化时代汽车营销新理念

第 15 章 颠覆是否正在破坏汽车制造商的世界

▶ 本章摘要

颠覆（disruption）一词的最初含义是表达一个成功的公司，即便在继续做以前做得很好的事情，也可能会失败。在数字时代，该词通常既可用于描述公司管理完善却出现倒闭，也可用于描述公司由于严重管理不善而失败的情况。汽车行业的潜在颠覆者来自数据技术、租车平台（优步、来福车、滴滴）、电动汽车（特斯拉）和自动驾驶（苹果和谷歌），还有大数据和机器智能公司。这些颠覆者的核心是：采用直接面向消费者的模型；由风险投资支持的初创公司；基于不完整的数据和不确定性做出决策；雇用最好的员工；小型团队式的组织构成；勇于冒险及打破常规。在瞬息万变的环境中，能够选择最合适的时机进入市场或大幅度改变策略比以往任何时候都重要。在技术创新的历史上充满了各种潜在的颠覆者，他们能够提供比竞争对手更好的性能。但这些竞争者未能找准合适的时机进入市场。最后，如何管理颠覆呢？第一步是预测新的颠覆性商业模式对消费者行为的影响。第二步涉及对有多少消费者可以转向使用新产品做出预估。例如，在汽车行业中，有多少消费者会采用 4 级或 5 级无人驾驶汽车？第三步是对颠覆性商业模式为其他相关部门带来的影响进行扩展分析。

颠覆一词经常与数字转换相关联。在它的原始含义中，颠覆表达了这样一个概念，即成功的公司尽管继续做其以前做得很好的事情，也可能失败。然而，该词现在经常被用来形容彼此之间的差距很大，以至于失去可用性的情况。这个词既可以用在公司管理良好的情况下出现失败，也可以用在由于管理不善而倒闭的情况。

以下内容总结了这个概念的发展过程，回顾了汽车行业中五个著名的颠覆者的行为、他们的共同点是什么、颠覆的来源是什么，以及企业能够如何进行管理。

遵循不同的理论并审视过去的经验，并非仅限于学术研究。相反，它有助于了解颠覆的来源、对营销产生的影响、到目前为止如何被管理。

1. 先行者

1942 年出版的《资本主义、社会主义和民主》（*Capitalism, Socialism and Democracy*）一书中，Joseph Schumpeter 描述了"创造性颠覆"现象。创新在创建公司和经济体系之后又将其摧毁。Schumpeter 认为摧毁先前产生的事物是资本主义特质。他虽然没有使用"颠覆"一词，但是这个概念可以视为"创造性颠覆"概念的一部分。

颠覆这个概念在 1995 年引起了管理层的广泛关注。Christensen 在其发表的一篇文章及后续著作《创新者的梦想》（*The Innovator's Dream*）一书中指出，公司可能会因为管理完善并取得成功而失败（Christensen，1997）。许多作者都遵循他的思路。凭借《颠覆困境》（*The Disruption Dilemma*）一书，Gans 脱颖而出，因为他阐明了颠覆这一概念的方方面面，并识别颠覆源于何处及如何管理其影响。对于 Gans 来说，"颠覆现象发生于成功的公司因继续坚持他们原本成功的选择而失败"。他指出，一家公司可能会因为管理不善而倒闭，但这不一定是人们所理解的颠覆的结果。Gans 还对由新技术引起的三种类型的颠覆与由新竞争对手引起的颠覆进行了区分。就汽车行业目前的情况而言，潜在的颠覆来自于数字技术的更大进步，租车平台（优步、来福车、滴滴等）的使用，电动汽车（特斯拉）和自动驾驶汽车（苹果和谷歌）的综合效果。

遭受颠覆的公司或整个部门不一定会消失。例如，由谷歌率先开发的自动驾驶汽车可能会变得司空见惯，成为今后 20~30 年内的主要交通工具。

这可能会使交通方式产生改变，但传统汽车注定会在市场上并存（某些新兴市场中）。颠覆的发生以新公司满足客户对产品、服务或业务的需求为基础，或因商业模型具备某些现有公司无法提供的特征。

2. 颠覆源

同其他讨论颠覆概念的学者一样，Gans 认为不列颠百科全书（*Encyclopedia Britannica*）的案例充分展示了颠覆的各个要素，以及如何避免。他接下来又对百视达（Blockbuster）的案例进行探讨。该案例中，公司因为不知如何对新商业模型做出反应而失败。学者的分析有助于解读汽车行业正在发生什么、公司该如何应对。

(1) 被新技术颠覆

不列颠百科全书（E.B.）衰败后的复生。E.B. 采取门到门的直接销售方式，以极高的价格出售百科全书，取得了巨大成功。购书的客户相信其正在为自己和孩子在文化上投资。该书品质非常高，由各行各业的专家撰写，包括许多诺贝尔奖获得者。当微软发布 Encarta 百科全书时，销售了数百万张 CD，使 E.B. 陷入了低迷。作为回应，E.B. 将其著名的百科全书以 CD–ROM（只读光盘）版本的形式发布，但价格远高于微软和其他同时进入市场的竞争对手的产品。后来，Encarta 也因维基百科的意外成功，经历了和 E.B. 同样的命运。经过各种尝试，E.B. 决定放弃印刷版产品，并辞退了销售人员，通过利用一项改变所在行业的新技术得以复生。这一新技术就是当时正在逐渐进入家庭的计算机。由此，那些对此事发表评论的人认为印刷版的 E.B. 并不是输给了 Encarta，而是输给了计算机。

(2) 被新模式颠覆

另一方面，百视达（Blockbuster）在新的商业模式上失败。百视达在实体店租赁 DVD 和录像带市场上占据主导地位近 20 年之久后，于 2010 年申请破产。在扩张的高峰期，它在全球拥有 9000 家门店。它的失败是由于新竞争对手 Netflix 的出现。Netflix 引入了新的商业模式，以一种新的方式使用已有的 DVD 技术。这些新产品（DVD）比录像带轻。Netflix 通过邮寄方式将它们发送出去，这意味着客户不必去百视达门店取货，然后再返回店里退还。Netflix 缓慢地进入市场，只吸引了一小部分百视达的潜在客户。作为回应，百视达效仿 Netflix 的做法。但由于担心通过邮政投递会减弱其行业领导形象，并失去和新竞争对手的差异，所以尽管百视达拥有足够多的资源，却并没有完全模仿新进入者，没有专注于邮政投递送货。几年后互联网问世，Netflix 利用这项新技术，将其客户转移至视频流媒体上。百视达门店模式的失败，并不是因为新技术，而是因为一种新的商业模式以新的方式吸引了消费者。

Christensen 提出的理论解释了为什么一家继续服务于传统客户而无视新技术的公司会无可避免地破产。这样的案例有很多，甚至在汽车行业也有，它们之所以破产，是因为它们持续在做过去让它们得以成功的事情。

Christensen 的理论可以概括如下：业内新进入者以低价格引入产品创新，使那些原本负担不起现有公司提供的服务的人也可以使用它。新产品在性能和特点上还处于劣势，因此现有公司并没有将其视为威胁。在充分了解市场和买家期望后，新进入者开始不断改进产品，并保持低价，直到其产品对现有公司的传统客户"足够好"为止。那些忽视或低估了潜在威胁的公司，无法与新进入者抗衡，最终往往走向破产或被迫撤离市场。

为了支持自己的理论，Christensen 仅提供了一个 B2B（Business to Business，即企业对企业）行业的例子，如机械挖掘机，购买者不是个人消费者而是企业，这引来了批评。作为回应，Christensen 发表了后续著作《创新者的解决方案》，对颠覆性创新的两种来源进行了区分：低端市场和新市场，但并没有说服反对者①。Christensen 在关于苹果手机 iPhone 的发布接受采访时称，iPhone 不会颠覆诺基亚（Nokia）等老牌手机制造商。随后，在 iPhone 取得巨大成功之后，Christensen 辩解说，iPhone 确实是颠覆者，但这是对个人计算机行业而言，而不是对于诺基亚。

Gans（2017）在此基础上对需求方颠覆和供应方颠覆进行了区分。这两方面可同时发挥作用，就如在汽车行业发生的情况一样。

1）需求方颠覆。这种情况发生在以客户为中心的公司。它们专注于客户需

---

① 如 Thompson B，"What Clayton Christensen got wrong" *Stratechery*，2013 年 9 月 22 日。

求，却忽略了其他新公司进入行业并开始为被忽视的客户群提供服务。新进入者利用新技术，迅速成长为有实力的竞争者。因为没有及时做出反应，在新进入者获得市场支配地位之前得以恢复，老牌企业走向破产或陷入严重困境。由于新进入者提供的产品质量低下，或专注于对老牌企业来说没有吸引力的细分市场，所以老牌企业没有意识到或不想了解潜在的危险。

优步和来福车这类公司使用平台新技术，在主要的大城市里提供智能手机叫车服务，让任何希望为他人提供载客服务的人都能提供服务，这对受许可保护的出租车服务业而言是一种颠覆。最初，这些公司只遭到了出租车司机的抵抗。利用新技术，新进入者为客户创造了价值（价格低廉的约车服务），并削弱了传统汽车制造商的地位。尽管新技术削弱了现有企业的利润，但它们无法立刻与同类服务进行竞争。其他老牌公司（如戴姆勒和宝马）以了解市场为目标，也决定进入新市场。但此时的先行者已经获得了可观的市场份额，投资者也已经意识到他们在股票市场上的高额估价（尤其是优步）。

在把握新方法以便了解消费者需求如何演变所需的工具和手段方面，现有企业也动作迟缓。汽车行业及其行业文化都正在发生变化。颠覆者更早地意识到有必要研究人们如何到各个地方（不仅通过汽车），以及人们如何与技术互动。谷歌、苹果和微软是全球人类学家最大的雇主㊀。

2）供应方颠覆。有别于新进入者，现有企业难以采用新技术来应对新的竞争，因为它们无法有效地组织产品配置和供应链。汽车制造商就是这种情况，尤其是涉及自动驾驶和向电动汽车㊁过渡方面。

㊀ 一个多世纪以来，汽车行业的文化特征被定义为长满老茧的双手和蛮力塑造的钢铁。但随着行业处于急剧的技术颠覆边缘，专家认为仅有机械工程能力已不再足够。独立和互联的未来将需要一套新的工具。"为什么汽车行业需要一个新的工具箱"，*Automotive News*，2017 年 12 月 4 日。

㊁ Henderson 和 Clark 在他们的文章中明确指出现有公司的成败与它们是否需要进行架构和部件创新息息相关。他们的理论认为现有公司擅长提供部件创新，但可能无法实施构架创新。Henderson R., Clark K., "Architectural innovation: The reconfiguration of Existing Product Technologies and the Failure of Established Firms" *Administrative Science Quarterly*, 35, no.1（1990）13。

为了引入新技术，有必要以不同于制造商一个多世纪以来使用的传统方法来配置产品。供应链的结构及其参与者也是如此。谷歌和苹果在这方面也有优势。它们不受专业设备和员工众多的制约。例如，在自动驾驶中，它们专注于软件技术和地图绘制，提供的服务可为传统制造商生产的汽车所利用。Fiat Chrysler 与谷歌的 Waymo 结盟就是个很好的例子，菲亚特公司生产 Chrysler Pacifica 小型货车，而 Waymo 则为其实现自动化。

颠覆者具有灵活性。他们不需要应对从旧到新的过渡。与此相反，现有企业必须面对从汽车制造商到新出行方式和新服务提供商的过渡。这是商业模式的转变。在过渡期间，通过销售传统车辆产生的全部或部分利润将用于资助新企业，这有可能导致汽车行业赢利能力的进一步降低，而汽车行业已经是盈利最低的工业部门之一了。投资者将做出何种反应？

宝马公司董事长 Reithofer 明确指出了这一问题，在采访中他自问："如果公司停止生产内燃机，集团的动力总成厂将发生什么情况？"他补充说，我们不能说明天早上我们将只生产电动汽车。"问题是我们将如何应对从仅依靠内燃机获利到实现盈利的过渡，因为目前没有一家汽车制造商通过销售电动汽车赚钱"㊀。

3. 预测颠覆

Gans（2017）对是否存在"面临解体的成熟"的产业提出质疑。为了解决这个问题，他首先对一个现实存在的悖论进行观察，即如果颠覆是可预见的，那么它并不是真正的颠覆事件。他补充说："如果可以将其转化为起作用的重要行动，那么预测是非常有用的"，并得出结论：有两点原因使预测颠覆并没有多大意义。首先，颠覆性事件由多种原因促成，即使我们可以预测到某种原因将会影

㊀ 当宝马庆祝成立 100 周年时，它发现自己进入了一个新的颠覆性的数字时代，通常称其为第四次工业革命。复苏的梅赛德斯-奔驰放慢了在中国的步伐。汽车企业和科技巨头的竞争日趋激烈，谷歌和苹果只是其面临的挑战的一部分。"宝马公司的创新和适应性将在 21 世纪经受考验"。宝马正在发生改变，为它今后不再处于行业顶端的那一天做准备。"产量不是一切"，宝马公司董事长 Reithofer 在声明中说。*Automotive News*，2016 年 3 月 7 日。

响某个行业，但我们仍无法预测它将如何及何时发生。第二点困难在于特定的颠覆事件可能会发生，但不一定会削弱公司战略所基于的竞争优势。

在《大爆炸式颠覆》（*Big Bang Disruption*）一书中，Downes 和 Nunes 没有探讨预测问题，而是确定了可导致各个经济部门颠覆的新技术的三个要素：①创造成本下降；②信息成本下降；③试验成本下降。

1）摩尔定律（Moore's Law）继续发挥作用，技术成本下降。零部件的采购及产品和服务的交付都比过去更加可靠。"随着创意的产生，研究创新资金甚至会迁移到云计算和新型孵化器"，研发成本甚至也会持续下降。借助数字技术，新公司能够为市场提供比现有公司更低的价格和更优质的定制产品或服务（如汽车行业的优步、来福车、滴滴，以及旅馆业的 Airbnb）㊀。

2）由于创建了"针对消费者"的大量信息，现在能更轻松、更高效地收集所有类型的信息。新技术呈现指数级增长，从而增强了新公司进入新旧市场的能力，新进入者的客户也不会像经典营销理论所提及的那样，在"早期采用阶段"犹豫不决㊁。社交网络和点对点信息交换能够立即提醒消费者有关产品或服务的新消息，也使他们尽早看到其他用户的意见。"所以精心安排针对不同客户的产品发布营销活动意义不大"。这一概念在 Kotler 等人（2017）撰写的 *Marketing 4.0：Moving from Traditional to Digital* 中有不同的表述，即"客户正在变得横向化，他们受品牌的吸引力越来越小，而受朋友、家人、粉丝和关注者的影响加大"。

3）全球宽带网和计算机设备的普及增加了创新者和客户之间进行协作的可能性。新产品或新服务通过消费者共同参与展开的简单、快速的测试进入市场，

㊀ 引文摘自 Downes 和 Nunes（2014）的文献。
㊁ 试图解释新想法和技术的传播方式、原因和传播速度，Rogers（1962）发展了关于"创新扩散"的理论（也是他书的书名）。新产品不是它们一经发布就被接受。一些消费者是在新产品一经上市就很快购买，而另一些消费者则更倾向于在购买前等待一段时间，以免浪费钱。Rogers 确定了五类消费者：创新消费者、早期消费者、早期多数消费者、晚期多数消费者和落后消费者。创新者是希望成为第一个拥有最新产品的消费者。他们处于产品生命周期的开始。早期采用者是接受新想法，并倾向于等到产品发布之后再尝试的人。他们在周期的早期阶段占有很大份额。

所需承担的成本和风险有限。一部分花费高昂的研究由在市场上进行的、以实际客户为合作者的测试取代。"当合适的技术和商业模式融合在一起时,市场急剧腾飞"。满足消费者需求的产品和服务的扩散速度是另一个有别于传统的"创新扩散"理论的显著特征。

与消费者、供应商、经销商和汽车行业其他参与者进行快速试验和互动,并共同承担低成本。这一可能性同样扩展到对可行性策略的探讨,尤其是营销策略。

了解潜在威胁是每一个策略的基础。现有企业面临颠覆风险,最常见的反应是在等待威胁充分体现出来的过程中,采取持续变化的策略。但是,对于汽车行业,风险显而易见。新兴企业和苹果、谷歌及微软等数字巨头将获得主导地位,正如在数字技术行业中显现的那样。福特走上了实验之路。福特尝试了超过25种不同的战略实验,试图了解当工业传统和数字技术相结合时,未来的运输将会是什么样子。用福特首席执行官的话来说:"我们已经给了我们的工程师、科学家和技术人员挑战。我们已经要求他们利用创新,而不仅仅是创造更好的产品。我们已要求他们进行创新以使整个交通过程体验更容易让人们的生活变得更好,从而创造更好的世界"。在2016年,这一系列实验结束后的仅仅几个月,福特成立了一个新部门:福特智能移动(Ford Smart Mobility)⊖。

在数字化转型的影响下,现有企业和颠覆者的地位迅速发生变化。在汽车行业,优步和来福车等被授权的新进入者现在已经成为主流企业,正如亚马逊和Netflix在它们各自的行业中一样。在这里,苹果iTunes的故事值得再次提起,它成功地颠覆了音乐实体零售商,后来又被Spotify及其音乐流业务模式所击败。优步和来福车对出租车行业的颠覆已经过去了几年,现在这个行业有可能再次被颠覆。"无人驾驶出租车的到来,以及由汽车制造商投资的汽车共享可能会颠覆约车服务的商业模式。"⊖

⊖ 福特首席执行官的文字语录,摘自 Venkatraman(2017)的文献。

⊖ "Will disruptors of the taxi market become disruptees?" *Automotive News*,2017年3月26日。

4. 汽车行业的"颠覆者"有什么共同点

Simoudis（2017）发现颠覆者具有几个对其取得成功至关重要的特征：①以大数据和智能机器公司为核心；②采用直接面向消费者的模式；③其是风投公司支持的初创公司；④不断进行实验；⑤基于不完整的数据和不确定性做出决策；⑥聘用最好的员工；⑦其以小型团队作为组织结构；⑧其勇于冒险并打破常规（表 15-1）。

表 15-1　汽车行业五家颠覆性核心企业

公司名称	颠覆行动
特斯拉	特斯拉正试图颠覆整个汽车行业的价值链。它的创新始于电动汽车，但还包括其他领域。随着自动导航的引入，Model S 和 Model X 配备了 3 级自动驾驶。特斯拉正在利用大数据进行颠覆。未来，它承诺提供 4 级自动化驾驶。随着其车辆自动化水平的不断提高，特斯拉乐于提供汽车共享出行服务和约车服务
ZipCar	ZipCar 是第一个提供汽车共享出行服务的公司。其主要发明包括与大数据软件平台连接的共享汽车业务模型。ZipCar 颠覆了汽车租赁行业，这就是 Avis 收购它的原因。ZipCar 对收集到的数据进行分析，用来确定汽车新的放置位置、根据使用情况重新平衡车队、提供价格更具竞争力的单程租车，并且提供更低的价格，即使用小时数计费
优步	优步通过其商业模式和移动应用程序进行创新。它将软件和大数据结合，广泛应用大数据，如以需求为基础的动态定价和自动驾驶。在颠覆了出租车和豪华轿车出租业务之后，它试图颠覆整个按需交付行业，并开始与亚马逊和谷歌竞争。通过自主车辆，优步试图控制成本以提高利润率、降低价格
谷歌	谷歌通过两个平台颠覆了汽车行业。首先，它的 Android Auto 移动平台可以控制汽车仪表板（包括基于谷歌地图的导航平台）。此外，谷歌一直在开发自动驾驶平台，可与 4 级和 5 级驾驶自动化配合使用。谷歌正在开发可实现动态乘车定价的应用程序，以优化交通网络的使用情况及服务区域内所需的车辆数量
苹果	苹果通过其 CarPlay 平台控制汽车仪表板来颠覆汽车行业，类似于谷歌的 Android Auto。根据 Simoudis 2017 年所述，"即使选择只专注于用户体验，苹果也可能颠覆汽车行业。它不仅会颠覆汽车的软件和硬件平台，而且还可能颠覆购车体验、汽车维修体验等，就像它对移动设备（iPod、iPhone、iPad）所做的那样"

注：对 Simoudis（2017）的文献（第 63~69 页）进行分析与综合而成。

5. 确定合适的时机

现有企业的关键问题在于何时以及如何对颠覆性事件做出回应。在技术呈指数级发展的环境中，选择最合适的时机来彻底改变策略比以往任何时候都更为关键。

汽车工业的历史告诉我们，在很多情况下，公司已经预测到了颠覆的到来，并投入了大量资金、资源来应对，但最终发现它并不像所担心的那样危险。而有些公司，了解将发生的事情，但为时已晚（如2008年的金融危机）。主要原因是在不确定的情况下，"无法看清状况，并进行管理"……"应对颠覆的关键是要了解它的出现总会被各种不确定性包围"（Gans，2017）。

关于在何时应对，这很大程度上取决于两个相互独立的因素：买家何时及如何做出决定；制造商的提案何时能形成产品架构或相对稳定的服务（主导设计）。

有必要从客户行为和客户期望开始。与以往的情况相同，就电动汽车而言，虽然已经有一些人需要创新，但是他们的需求显然远未达到制造商的盈亏平衡点。只有当"主要设计"被明确定义，并且消费者可以直接发现产品时，才有可能对未来的需求做出可靠的预测。

他们将如何选择？心理学家警告说，在中短期内，这不会是一个理性的决定。Dan Ariely 在《可预测的非理性》（*Predictably Irrational*）一书中说明了原因："我们很少对事物做出绝对的选择，因为我们没有一个内部价值表告诉我们某件东西值多少钱。我们将注意力集中在一件事相对于另一件事的优势上，并相应地进行评估。"为了做出决定，许多人不仅需要将一件事与另一件作为参考的事情来进行比较，而且还会专注于可以轻松比较的事物，"避免比较无法轻易比较的事物"。对于正在权衡是购买电动汽车还是传统汽车的购买者，只有新产品在性能和价格上都已经明确并得到认可，才有可能进行比较。"我从最基本的开始观察"，Ariely 写道，"大多数人并不知道想要什么，除非他们能在具体情景下看到它。我们不知道自己想要什么样的竞赛用自行车，直到我们在环法自行车冠军争夺赛中看到特定的型号"。这个对"可预测的非理性"的预测，适用于个人购买，但不适用于那些购买自动驾驶汽车和电动汽车的公司，它们的决定通常符合理性的程序。

6. 如何应对颠覆

许多作者为这个问题提出了解决方案。特别是 Rogers 和 Gans，他们研究了现有企业面对颠覆、颠覆时所做的反应（Rogers, 2016; Gans, 2017）。

对于 Rogers 而言，第一步是预测新的颠覆性业务模式对消费者行为的影响。他们会采用新提案的哪些方面？如果使用的普及率很高，那么市场上将会发生什么？第二步涉及评估提案的可能范围，并预测当新产品确立良好的基础后，有多少消费者有可能转向购买它。例如，在汽车行业，有多少消费者会选择 4 级或 5 级自动驾驶汽车（考虑到它们的售价将比传统汽车贵得多）？第三步是将颠覆性商业模式的影响分析扩展到其他相关行业。在其他行业中还有哪些现有企业将受到影响，它们将如何做出反应？就汽车行业而言，这一分析需要扩展到供应链和分销渠道。

根据 Rogers 的方法，经过初步分析，面对颠覆性商业模式时，现有企业有六个可能的主要对策：①三种使其成为颠覆者的策略（旨在占据颠覆者瞄准的相同市场空间）；②三种减轻颠覆者所造成损失的策略（尝试减小颠覆者带来的威胁）。

(1) 成为颠覆者的三种策略

1）购买颠覆者。这是最简单的策略。当汽车租赁公司 Avis 了解到 ZipCar 的商业模式可能会颠覆整个行业，它决定购买 ZipCar，并使新并购的业务与其他业务区分开来。ZipCar 现在独立于 Avis 的其他业务。新并购的公司将继续从购买者公司带走客户，但是该策略可以吸引其他的客户。

并非总能并购颠覆者。最常见的原因是操作成本。如果颠覆者已巩固了自己的地位，那么并购价格就会上涨。因此，常见的并购多在颠覆者的创业初期，汽车行业也是如此。但是，如果目标的选择不是很明智，那么显然存在失望的风险更大。现有企业的另一种选择是购买颠覆者的一部分资本股份，而不是全部。如果颠覆者创业取得了一定的进展，那么现有企业随后可寻求获得全部控制权。这样做可使风险下降,但购买价格随之上涨。

2)启动新的颠覆。现有企业直接发展新的颠覆性商业模式,力求在自己的"游戏"中击败颠覆者、破坏者,而不是购买它们。采取此行动必须及时利用创新驱动的行业新发展,以免为时已晚。对于现有企业,此策略将不可避免地涉及蚕食其核心业务。促进初创公司内部发展的规则在这里适用。它们可以作为阻止颠覆者的一部分,并利用其资源从中受益,但是它们需要创始人有独立的策略、小型精益的组织,并保持与其他部门的独立性。

尽管困难重重,但是在预期其他竞争对手崛起的情况下启动一家颠覆性的创业公司是有可能实现的。大众集团通过挑战优步的约车服务来对抗这一风险。它拥有一个名为 Moia 的新出行服务品牌,并拥有自己的电动汽车。另一方面,甚至是优步也遵循同样的路径——成立独立的部门来管理自动驾驶技术(该技术被认为是行业的颠覆者)。

> 过往重现。在汽车工业的历史上,我们可以找到很多制造商试图应对新进入者威胁的例子。它们通过建立新的组织部门,采用与新进入者相同的技术或市场营销策略。例如,我们也许还记得 Saturn 的例子。这是通用汽车公司为自己免受 20 世纪 80 年代日本汽车竞争的例子。最终结果收效平平。后来,由于 2008 年—2012 年金融危机的影响,Saturn 不堪重负而被迫关闭。

评判汽车行业将会发生什么现在还为时过早。但是其他行业的结果却令人失望(例如,IBM 建立了一个个人计算机部门,随后却出售给了联想)。为什么众多尝试均以失败告终呢?这一方面归因于很难将知识和创新从一个部门传播到整个组织的其他部门,另一方面原因则是对新部门的管理和其他部门有难以调和的冲突。

3)拆分颠覆者的商业模式。第三个策略涉及寻找其他面临相同威胁、具有相同目标来捍卫自己地位的公司,并与它们合作,重新打造颠覆性业务模型。

在汽车行业,主流制造商采用这一策略。例如,大众公司投资了由福特支持的 Argo。这两家制造商都明白它们在新技术开发方面处于落后地位,联合起来可以削减成本并加快恢复速度○。

宝马和戴姆勒也走了类似的道路。全球豪华汽车市场的主要竞争对手决定成立一家合资企业，在新的数字技术和服务下建立规模经济，进一步撼动汽车行业的转型。

合作的主要目标是投资开发汽车共享和约车服务。该联盟还包括按需出行的停车和充电服务。每家公司将拥有合资公司50%的股份。瑞银（UBS）的汽车研究主管估计所涉资产的价值在30亿到90亿英镑之间。他提到，为结成伙伴关系，宝马很有可能需要支付给戴姆勒公司以获得相同份额的股份。这是因为Car2go共享汽车（由戴姆勒生产）的规模是宝马的DriveNow和ReachNow的三倍。一些分析家观察到在共享出行时代，私家车拥有量倾向于下降。许多人选择使用优步等共享汽车，"汽车制造商可能会因丧失品牌价值而失去客户，变得更像波音和空中客车"○。

（2）减轻颠覆者造成损失的三种战略

1）重新把注意力放在能留住的客户上。现有公司通过将资源集中用于更有可能留住的客户上，以此对颠覆者做出回应。公司不能再继续采用与过去相同的价值主张，因为现在这些主张受到了颠覆者的威胁。因此，它需要重新关注自己所能提供的，以继续为现有客户创造价值。市场营销（尤其是促销）和创新在这个战略中扮演重要的角色。放弃最容易被颠覆者提供的产品和服务所吸引的客户意味着节省资源。

2）多样化投资组合。如果成为颠覆者（或独立或结成伙伴关系）的机会很

○ 大众和福特联手开发电动汽车和自动驾驶汽车，这些资本密集领域正在对汽车行业进行重塑。对Argo的投资意义重大，因为它能够加速大众和福特在自动驾驶汽车上的进展。自动驾驶汽车花费巨大，但对汽车行业的未来却至关重要。这两家汽车制造商被公认为在技术发展上滞后。技术合作将使它们成本共担，并有可能更快赶上。源自"VW may invest in Ford-backed Argo as alliance talks advance"，*Automotive News*，2018年11月9日。

○ "BMW and Daimler join forces to bolster tech prowess". *Financial Times*，2018年3月29日。

小，那么替代方案是进行重新定位并尽可能收购小型公司，以加快进入新细分市场或利基市场的步伐。成功的一个前提是利用独特的技能和资产。Rogers 观察到多元化能够使公司充分利用整体优势，并且尽管新领域的赢利能力无法与核心业务相比，"它们可以创造新的增长机会，可以使公司整体不易受到颠覆的影响。"

3）为快速退出做准备。当公司已经明显不可能通过上述任何一种策略对抗颠覆者的威胁时，替代方案就是迅速离开行业（通过转移或清算）。如果一个公司建立在多项业务之上，分拆受竞争威胁的业务并快速转移或清算可以为整个公司节省资源。但是，做出决定并不容易。例如，如果被分拆的业务有助于规模经济，那么放弃它显然将丧失规模经济。更进一步，放弃核心技术可能意味着将市场份额交给传统竞争对手，而颠覆破坏转由传统竞争对手承担。

Gans（2017）观察到有两点原因使上述总结的决策很难执行，并需要花费很长时间，这两点原因分别是不确定性和反应成本。不确定性源于以下事实：管理层能够感受到来自新产品或服务的威胁，但不一定能够确定这种威胁的严重性。颠覆者提供的产品或服务能够吸引买家的需求，但并未达到严重威胁现有公司的程度。问题在于管理层做出评估只能是在一段时间之后。在此期间，不确定性增加。第二点观察是无论对威胁的反应是什么，总是要付出代价的，这也促使现有公司在对威胁做出反应之前，采取等待观望的做法。

雷诺－日产（Renault－Nissan）的首席执行官 Ghosn 把对汽车行业颠覆的担忧，归因于数字化转型的爆发速度。他宣称他并不害怕苹果和谷歌，即使它们拥有大量资源进行投资，并正在开发自动驾驶汽车技术。Ghosn 确信它们不会以制造商的姿态进入市场。"假如那些公司选择成为汽车制造商，它们现在已经足够富有，可以直接购买汽车制造商""它们可能已经这样做了。"⊖

⊖ Carlos Ghson 表示不需要担心苹果和其他超级富有的科技公司会成为汽车行业的颠覆者。它们应该被接纳。Ghson 对行业听众表示，"已经有很多关于颠覆的讨论、关于新的竞争对手的讨论，它们决心采用新方法来诠释汽车产品""对于潜在颠覆的大部分不安是由迅速出现的新技术和所谓的移动服务造成的。"Ghson 辩称，正在开发自动驾驶汽车技术的苹果等科技巨头并不想成为汽车制造商，因为利润潜力太小。Ghson 表示，"不必害怕科技巨头"。*Automotive News*，2016 年 3 月 23 日。

参考文献

Christensen C (1997) The innovator's dilemma. Harvard Business School Press.

Downes L, Nunes P (2014) Big bang distruption. Portfolio, Penguin.

Gans J (2017) The disruption dilemma. The MIT Press.

Kotler P, Kartajaya H, Setiawan I (2017) Marketing 4.0: Moving from traditional to digital. Wiley.

Rogers E (1962) Diffusion of innovation. MacMillan.

Rogers DL (2016) The digital transformation playbook. Columbia Business School.

Simoudis E (2017) The big data opportunity in our driverless future. Paul Lienert.

Thompson B (2013) What Clayton Christensen got wrong. Stratechery, September 22.

Venkatraman V (2017) The digital matrix: New rules for business transformation through technology. Life Three Media.

第 16 章 平台层面上如何重塑汽车市场营销管理

> **本章摘要**

在21世纪到来之际，某些汽车制造商为应对数字经济发展做出了重要的初步反应。它们开始准备自己未来成为"交通解决方案提供商"，而不是仅为汽车制造商。"清算之时"是1999年11月，福特和通用汽车都各自宣布启动基于数字技术的价值链计划。同时，汽车公司市场营销的新突破点正在接近，新的数字技术驱动并极大地增加了平台的覆盖范围、速度、便利性和效率。这个发展源于这样的一个事实，即平台所带来的关系系统改变或破坏了汽车行业的传统价值链。新技术促进了网络参与者之间的沟通和数据交换。吸引的新参与者（所有者、提供者、生产者和消费者）进入平台越多，网络变得越大，供求之间的交易也越多。规模越大，它将产生的价值也越大。一些公司利用平台发展的优势和能力，很快对现有企业构成了威胁。新竞争者迅速进入市场，提出了一种新的"基于人群的公私合作伙伴关系"，包括优步、来福车和BlaBlaCar。特斯拉的出现也是对现有企业构成威胁的明显例子。近年来，汽车行业的数字市场营销已经取得了长足的进步，但与其他主要行业相比，仍然处于落后地位。

沃顿商学院（Wharton University）保存着一本2000年会议集。它帮助我们了解当时发生的事情和背景。众多会议演讲者普遍认为，数字时代中的现代组织需要建立在新原则和新商业模式下，市场营销最大的功能之一是适应需求变化。对于许多面临高风险的公司来说，由众多公司提出的提案成为它们的标准做法：

了解正在发生的变化，并获得以灵活性、敏捷性和速度做出响应的能力。

沃顿会议以来的短短几年中，技术的发展变得迅猛，数字时代蔓延到了社会的各个部分，甚至是在汽车行业，尤其是在市场营销领域。数字平台在汽车工业中的使用和网络效应的出现，迫使营销管理面临新的挑战。网络效应的一个直接结果是价值链的解构，即数十年来一直引领着汽车制造商的战略模式。在数字时代，技术进步创造的优势不像过去那样主要在供应方面（供应方规模经济），而是在需求方面。它产生了巨大的需求规模经济。

与其他行业相比，汽车制造商对数字经济效应的反应比较缓慢。反应缓慢的公司试图弥补小段的延迟都必须在对更不确定的未来进行大量的投资。这使得通往目标的道路变得更加困难。

1. 清算之时

拖延了 20 年之后，一些汽车制造商终于决定采取行动。"算总账"的"清算之时"是 1999 年 11 月 2 日。当天福特和通用汽车分别宣布启动基于数字技术的价值链计划。

> AutoXchange。它是福特和甲骨文（Oracle）共同成立的独立合资企业，旨在面向所有人提供供应链服务，其中也包括福特的竞争对手。通用汽车引入了与 CommerceOne 的合作，该公司提供称为市场规模的一系列服务。与福特不同，通用汽车将市场规模的系列服务限定在自己的供应商。大约几个月之后，2000 年年底举办的底特律车展从市场振兴的角度又向前迈出了一步。福特和通用汽车都宣布了"车载互联网服务"。福特宣布与雅虎合资，通用汽车则与美国在线（AOL）合资。福特的新车客户提案特别有条理；首席执行官 Nasser 宣布其目标是将公司转型为"交通解决方案提供商"。近期福特收购了英国连锁店 Kwik-fit，其 2000 个服务中心遍布欧洲。最重要的是，福特与 Priceline 和微软的 CarPoint 达成协议，认定这两家网站中介机构为潜在购车者的首选联络站，从而标志着营销方面的进一步创新（Tapscott 等，2000）。

2. 思考营销的新方式

如今，新技术正在挑战传统营销方式的基础规律。互联网的出现正在颠覆市场营销，不仅在改变营销模式，也在改变着我们思考市场营销的方式（Wind 及 Mahajan，2001）。

2000 年，沃顿商学院举行了一个学术会议，汇集了沃顿商学院、哥伦比亚大学、哈佛大学、西北大学和麻省理工学院等最负盛名大学的专家。*Digital Marketing* 一书汇集了该会议上发表的论文。

在 *Digital Marketing* 一书的第一行，Wind 和 Mahajan 这样写道，新技术引发的变革与挑战已孕育许久。正如我们在第 14 章中所说的，这不是一蹴而就的。在 21 世纪开始时，它似乎已经深不可测、不可逆转。遵循学术研究的经典模式，沃顿商学院的会议分为三个部分：①新技术（尤其是电子商务）如何对市场营销和营销研究产生影响；②数字环境如何改变消费者行为，以及对营销新方法的需要；③公司如何通过实施针对沟通、个性化、定价的新营销策略来应对新的挑战。

即使在汽车行业，正如 Autobytel.com 的诞生和成功所展示的，这种变化也已经进行了一段时间（第 14 章）。

在沃顿会议上，做报告的专家提出这样一个问题：这种变化的后果是什么？数字革命吸引了全球的用户，并将权力从生产者进一步转移至购买者，并打破了部门之间的壁垒，导致了"全球网格"即"用户和门户网络"（以下称为平台）的出现。

在稳定或相对稳定的环境中，规划是构建长期战略的基础。但在信息技术进步的推动下，环境变化如此之快，许多解决方案很快就过时了。Wind 和 Mahajan（2001）比较了新兴商业模式的特征与几十年来主导竞争的传统商业模式。他们认定了从旧模式到新模式过度的特征：①技术的角色从启动者变为驱动力；②从以卖方为中心的模式到以客户为中心的模式；③从实物到知识资产；④从垂直整合到虚拟整合；⑤从以功能为中心到跨功能整合；⑥从计划流程到试验与学习；

⑦从规模收益减少到规模收益增加。

Alfred Sloan 公司著名的公司模式，曾经是"数十年来进步的引擎"，现在被视为"虚拟公司时代的负担"。数字时代的现代组织需要构建在新的原则之上。面对越来越多的不确定性，公司需要敏捷和灵活地做出回应。为了创造敏捷性和灵活性，新的商业模式是必需的。

新商业模式必须足够灵活以覆盖公司与供应商和客户之间的关系。而且这些关系经常变化，难以预测。新商业模式必须快速做出反应，以适应不断变化的情况。仅在短短几年中，戴尔（Dell）模式（在个人计算机市场上有非常成功的定制模式）和柯达模式（尽管它首先在摄影领域开发了数字技术）迅速衰落，这些历史事件证实了这种需求的必要性。

3. 数字技术渗透管理实践

前面（特别是在第 14 章）中，我们指出了 20 世纪 90 年代中期以来由新技术引发的转型和初步影响。在 21 世纪初，数字时代也传播到了汽车行业，深刻地影响了营销管理，尤其是对新技术的适应与应用。

有人会问：数字计算机从 20 世纪 60 年代就开始使用了，为什么我们现在才谈及数字时代？那么迟缓吗？McAfee 和 Brynjolfsson（2017）在 *Machine, Platform and Crowd* 一书中做出回应：数字时代的开始是基于数字技术在管理上的应用，从生产到营销、从融资到研发及从市场调研到客户行为分析。

这两位作者确定了数字时代加速发展的第一阶段和第二阶段。第一阶段始于 20 世纪 90 年代中期，当数字技术开始对公司和经济产生重大影响时。对公司方面产生的影响，主要是取代了诸如"处理工资单，将车身零件焊接在一起，以及向客户发送发票"等重复性工作。在经济方面，计算机和其他数字技术开始成为生产率增长的主要因素。

根据两位作者的说法，第二阶段的开始时间相对难以界定，但其出现的迹象可在"电影中的科幻技术"、电子版书籍和杂志中发现。在汽车行业，它发生在稍后的 2010 年，谷歌宣布完全自动驾驶汽车在加利福尼亚州流通。在电视上，它发生在 IBM 超级计算机在测验程序中击败了两名人类冠军时○。到了 2010 年后，当智能手机销量出现爆发式增长时，情况再次发生。

4. 平台的崛起

汽车公司在市场营销上的新突破点撼动了竞争结构和营销策略。这源于技术的进步，将数字平台传播到汽车行业，也源于网络效应的出现○。在汽车领域产生的影响相当大："由于平台的兴起，几乎所有的传统业务管理……都处于动荡状态。我们处于一种不平衡状态，而这一状态影响着每个公司和业务的领导者们"（Parker 等，2016）。

平台已经存在许多年了。举例来说，他们将杂志与订阅者及购买广告空间的人联系起来。甚至 Autobytel.com 也使用了平台（参阅第 14 章）。在 21 世纪之前，新技术使平台扩展变得更加容易和便宜，并大大增强了收集、分析和交换数据的能力。这种平台将生产者和消费者在互动中联系起来，并为双方创造价值。

有些人则使用生态系统这一表达方式来体现平台包含的内容。其中包括 James Moore，他在 1996 年出版（2005 年新版）的 *The Death of Competition* 一书中介绍了"以生物生态学来隐喻商业协同进化的战略思想，以及全新的协同运营和竞争关系。"

如 Marshall 等人（2016）所述，这种平台将四种不同但角色互补的参与者联系在一起。"平台的所有者控制他们的知识产权与管理；提供者充当平台与用户间的界面；生产者创造他们的产品，而消费者使用这些产品。"

○ 1997 年，IBM 的蓝色巨人计算机在六场比赛结束时，击败了世界象棋冠军：IBM 赢两场，人类冠军赢一场，平局三场。被这项成功所鼓舞，IBM 研究人员设计了一款能够在名为 Jeopardy 的复杂游戏中击败众多人类冠军的机器。2011 年，一台名为 Watson（"咆哮的 20 世纪 20 年代"时期 IBM 首席执行官的姓氏）的 IBM 计算机击败了有史以来最成功的两位参与者。

○ "平台可以描述为一种数字环境，其特点是访问、复制和分发的边际成本接近于零"（McAfee 和 Brynjolfsson，2017）。

5. 解构价值链

新技术"极大地扩展了平台的覆盖范围、速度、便利性和效率"。在新技术的推动下,当平台促使关系系统改变或破坏多部门间传统价值链时,转折点来了。这最初以有限的方式发生在汽车行业,在其他许多行业却以更强有力的方式,甚至以毁灭性的方式发生,如娱乐业和传媒业。"互联网和相关技术使当今的平台企业拥有惊人的能力,通常以不可预测的方式使行业发生转变"(Parker 等,2016)。几十年来,特别是在汽车产业,产业转型的主导模式基于一系列相互关联的活动,使生产要素创造了更高的价值。战略选择越恰当,创造的价值就越多。

在传统的价值链中,价值产生于价值链组成的各个阶段。例如,在汽车工业中,传统的价值链包括:①零部件供应商(通过生产价值更高的产品创造价值);②汽车制造商(通过组装、设计、市场营销和品牌推广创造价值);③汽车经销商(通过销售和库存管理、售前及售后服务创造价值);④消费者。

当平台巩固其地位,并使其参与者之间的关系更紧密时,它将解构传统的价值链。在 Digital Capital：Harnessing the Power of Business Webs 中,Tapscott 等人最早描述这一阶段的产生原因和方式。"现在,创造价值的新逻辑推动了产品生产和服务。需求驱动的价值链正在取代陈旧的推送式的制作和销售,因为生产者可以'建立商业网'来和消费者连接,并对消费者做出直接的响应。"他们写道,原材料和其他生产要素正如"物理世界中的原子和电子世界中的字节",价值链将原材料和其他生产要素转变成最终的产品和服务。在价值链中,价值增加来源于每一个阶段的活动,从生产要素的到位到向客户提供产品或服务。Tapscott 等人的分析进一步区分两类价值链。这两类价值链可以组合使用,它们分别为常规生产和车间生产。

(1) 常规生产

以产品为中心。其目标是制造、运输和营销实物商品。"实物资本的买卖逻辑推动了旧的生产模式。"管理层试图预测需求趋势,并据此对生产率和产量做出计划。在短期内，管理库存已成为实现灵活性的主要工具。在这类生产中，汽车制造商对价值链具有相当大的掌控力。例如，福特和通用汽车与其最紧密的供应商使用自动连接，将他们的库存管理问题转移给供应商。

（2）车间生产

典型的技术服务、建筑设计、研究和发展。公司对特定的、独特的需求做出响应（如管理咨询公司）。车间生产具有以下三个特点，时期有别于常规生产：

1）它没有完全重复已经做过的事情，并没有提出标准程序。创造价值的活动是独一无二的。

2）周期完全由需求触发，客户是主动的。产品或服务只在客户付款或承诺付款后才开始生产，没有库存。

3）客户参与产品的设计和配置，并且有时参与产品的创建（如物理疗法康复项目）。

戴尔的按订单生产的商业模式即可作为参考。该模式在那些年非常成功，并被 Tapscott 等人认为是两种生产形式的结合体。客户避开了分销渠道，直接向生产者（戴尔）订购个人计算机，避开了中间商。没有订单，戴尔不会投入生产。客户从数量有限的元素中选择配置产品（在戴尔的生产案例中，有 20 个元素）。

6. 网络效应的力量

为了解释传统的价值链是如何解构及所产生的后果，Marshall 等人 2016 年将新经济与工业经济进行了比较。工业经济背后的驱动力曾经是（现在也是）供应方的规模经济。使用生产技术（主要是装配线的技术）允许批量生产，这使亨利·福特快速取得了成功。生产量越大，单位产品的成本、市场营销和分销成本也就越低。对于亨利·福特来说，保持供应方规模经济的优势，直到客户接受了标准化产品，且被低价吸引。这种方式无法了解客户行为的变化，也预示出福特日后的衰落势不可挡。此类失误在汽车行业中已多次重复出现，尽管规模、涉及人员都不尽相同。

在数字时代，技术的进步带来的优势不仅在供应方方面（供应方的规模经济），更重要的是在需求方方面，从而产生了大规模的需求经济（如前文所述）。新技术促进了网络参与者之间的沟通和数据交流。公司吸引更多新参与者（所有者、提供者、生产者和消费者）进入平台，随着需求和供给之间交易的增加，网络也越来越大，从而有"更多的数据用于查找合适的匹配"。因为平台中参与者之间的平均交易额增加，规模越来越大，产生的价值也越来越大。对于规模更大的平台，吸引新的参与者也更多。在最成功时，它们创造的新价值能建立一种垄断地位。实际上，这些网络效应已经赋予了阿里巴巴、谷歌和 Facebook 强大的支配地位。

简要总结一下创新。采用传统价值链模式（有些人称为管道模式）的公司专注于增加销量，而基于平台模式的公司则专注于发展网络和参与者之间的相互关系。

最近的历史证明了网络效应的破坏力。"当一个平台模式进入纯管道业务市场，平台模式几乎总能获胜"⊖（Marshall 等，2016）。

7. 汽车行业前路坎坷

在汽车行业，一些公司利用平台发展的能力很快就能对现存企业构成威胁。新兴的特斯拉就是一个明显的例子。它去除了部分传统价值链，并重新设计它的其他部分（尤其是生产和分销）。

> 特斯拉。价值链的解构是可能的，因为特斯拉已经选择了制造智能机器，它不仅仅是汽车。每个步骤产生的数据使公司能够优化销售、支持和服务，从而使单个公司沿价值链垂直整合变得经济……有了特斯拉提供的信息，汽车经销商的需要量变少。因此，特斯拉建立了自己的商业模式——不利用传统经销商网络，而是建立公司自己的经销店（Thomas 和 McSharry，2015）。

⊖ Marshall 等回忆道："早在 2007 年，五大手机制造商诺基亚、三星、摩托罗拉、索尼爱立信和 LG，共同控制着全球 90% 的行业利润。苹果公司的 iPhone 出现在市场上时开始吞噬市场份额。"截至 2015 年，iPhone 已创造了全球 92% 的行业利润，然而五大手机制造商除了一家公司外，其他所有公司都没有盈利。

特斯拉建造了超级工厂为其汽车生产电池，从潜在市场的角度来看，这是进一步对汽车行业传统价值链进行解构。这一解构特别针对价值链的供应方。后来我们知道，2010—2020年后期，特斯拉的商业模式可能会在可靠性和赢利能力方面引起很多质疑。

8. 反应迟缓的原因

为什么汽车制造商对数字技术带来的影响反应迟缓？原因有四点：①创新对于耐用品行业产生影响较晚；②大多数制造商不了解正在发生什么，并且低估了可能的后果，通用汽车更是如此；③制造商担心过快的更改可能会损害现有产品；④数字化技术出现爆炸性的发展。

1）对于耐用产品行业中的资本密集型公司，如汽车公司，数字技术的影响要晚于其他行业，如受流行趋势影响的行业。耐用产品的生命周期长于非耐用产品的平均生命周期。因此，买方拥有和使用的期限也通常更长一些。对汽车等耐用品的需求不太容易受到"人口和社会态度"及技术的快速变化的影响。

2）在最近的历史中，某些汽车公司的管理层没有意识到威胁即将到来，并且会很快飞速增长。2007—2008年的金融危机加速了对节油和降低有害气体排放的汽车的需求，因为这类汽车能更好地保护环境。欧洲汽车公司（尤其是高端品牌）、日本汽车公司（尤其是日产）和美国公司福特对这一新趋势的警告信号有所解读。环境变量更加不稳定，竞争变得更加激烈。戴尔、诺基亚、柯达和其他标志性公司因与技术发展脱节而导致遭遇危机，这些例子对汽车行业的市场营销管理是个警示。然而，并非所有人都理解这一点，包括通用汽车公司。

> 通用汽车。70年来，通用汽车公司的汽车销量超过了任何竞争对手。它幸免于20世纪30年代的大萧条、第二次世界大战后的危机及20世纪70年代初期的汽油价格急剧上涨。2009年，它拯救于奥巴马政府，并被迫减小规模。许多历史悠久的品牌被废弃了，如奥斯莫比（Oldsmobile）和旁蒂克（Pontiac）。20年前，为了击败日本在美国市场上的竞争而上市的Saturn及Hummer，曾都是富人和名人身份的象征，但后来迅速成为浪费和多余的象征。

通用汽车首席执行官瓦格纳（Wagoner）多次在美国参议院举行的听证会上将公司的严重损失归因于诸如 2008 年金融危机等外部事件。这清晰地展示了管理层不了解客户的期望正在发生变化这一事实，从而也无法理解他一直领导通用汽车 28 万名员工一步步陷入破产的深渊，究其原因是产品不再满足客户的期望。

3）与其他行业一样，汽车制造商在改变商业模式、重塑自我中举步艰难，因为它们害怕损害或削弱现有的产品。相反，掌握新技术的新竞争对手没有或只有很小的障碍。特斯拉仍是个很好的例子。它迅速进入行业，实现了比其他美国制造商总和还高的市值。特斯拉的优势之一就是作为新加入者，从一开始就进入数字化，没有现有企业所面临的固有障碍。

4）大多数汽车制造商在采用新技术方面都非常滞后。如前所述，为了弥补这一很小的滞后，指数级发展的数字技术要求这些汽车制造商必须要进行大量的投资。

参考文献

Marshall W, VanAlstine M, Parker G, Choudary S (2016) Pipelines, platforms, and the new rules of strategy. Harvard Bus Rev.

McAfee A, Brynjolfsson E (2017) Machine, platform, crowd: harnessing our digital future. WW Norton & Company.

Moore J (2005) The death of competition. Harvard Business School Press.

Parker G, Van Alstyne M, Choudary S (2016) Platform revolution. Norton & Company.

Tapscott D, Ticoll D, Lowy A (2000) Digital capital: harnessing the power of business webs. Harvard Business School Press.

Thomas R, McSharry P (2015) Big data revolution: what farmers, doctors and insurance agents teach us about discovering big data patterns. Wiley.

Wind J, Mahajan V (2001) Digital marketing. Wiley, London.

第17章 数字技术正在改写市场营销旧规则

> **本章摘要**

在收集和处理大量信息数据方面的新计算技术在2005—2010年得到了飞速发展。如今,汽车客户都在充分使用数字媒体。鉴于潜在客户会在网络上找到大量内容,他们在前往经销商之前,就会对购买做出许多决定。网上可获得的营销内容对他们的决定有重大影响。数字技术的发展标志着需要将营销的"4P"扩展到7P,进而包括人员、流程和实物证据。这对传统市场营销有深远的影响。新技术的发展使得改变和扩展核心产品成为可能。自2000年,汽车公司开始转向"出售个人交通解决方案"而不是"仅卖汽车",客户通过网络参与产品的创建。在定价领域,尤其是对于低成本的细分市场,定价透明度增加,价格上涨面临下降的压力,动态定价对厂商固定价格提出了挑战。关于地点,客户与经销商之间的关系很难被替换。几乎每个地方,加盟商都通过国家立法来保护自己在市场上的地位。但是,许多购车者在他们考虑拜访经销商之前就做出购买决定。鉴于此,制造商通常转向增强现实(AR)和虚拟现实(VR)来展示其产品。在促销方面,数字时代开辟了新的沟通渠道,有些人提出"一个时代的终结"的说法。在数字时代,客户能够访问有关产品的大量信息,而且权力正在转向他们。

1. 汽车制造商脆弱时期的营销

我们曾多次指出,在工业化国家,对汽车的需求正在下降或至少没有上升。

随着经济发展和随之而来对交通流动性的需求，新兴国家（即金砖四国、薄荷四国）对汽车的需求量正在上升。在此让我们详细了解造成工业化国家中的需求停滞或下降的原因，以及其对汽车销售的影响⊖。

1）拥有汽车的成本正在增加。在过去的50年中，拥有汽车的成本的增加超过了人们的平均收入。在1950年的美国，一个家庭将花费其年收入的45%来购买一辆普通汽车。在2014年，要购买一辆汽车，同等的家庭将花掉61%的收入。并且，全球经济增长速度相较于过去的几十年有所下降。对汽车需求产生负面影响的其他因素包括针对汽车拥有权的税收增加，使用成本也在加大。在21世纪20年代前夕，收入下滑及汽车拥有权和使用成本攀升使得个人推迟购买汽车。

2）许多年轻人更倾向于拥有互联网。在社交媒体的伴随下成长，许多年轻人习惯于自由表达自己的个性，也习惯了轻易地获得产品和服务。在一项美国的民意调查中，2/3的大学生表示，他们更倾向于拥有互联网，而不是汽车。对于他们来说，汽车已经变得司空见惯，不再新颖。和他们的父母不同，汽车不再是他们的首选目标。拥有足够收入的家庭或个人购买汽车不是难事，这种需求上的变化很好理解，显而易见。但这不适用于那些想要买车却买不起的人。

3）千禧一代及其愿望。在美国和欧洲，这代人占人口的1/4。这些"数字原住民"对流动性的态度取决于他们对城市生活的偏好、对技术的熟悉程度及他们与自己的未来经济状况的不确定性。根据Nielsen的一项调查："千禧一代对汽车文化缺乏兴趣，与汽车文化中长大的婴儿潮一代大不一样。"在美国、欧洲和日本，持有驾驶执照或拥有汽车的年轻人的数量在下降。25岁及以下的德国人，获得驾驶执照的人数在过去10年间下降了28%。可见，驾驶人在减少。

4）公共交通的扩展。研究表明，在欧洲，23%的旅行人员采用公共交通工具（公共汽车、电车、地铁）。这一数字远高于美国所占的比例，主要是由于美国交通网络的效率和广泛性。整个欧洲的趋势是使用公共交通工具。在欧洲，因为城市紧凑，平均上班出行时间比美国短。公共交通允许通勤者在旅行时通过智能手机工作或在社交网站上娱乐。因此，汽车的使用在减少，通勤者覆盖的总距

⊖ 这最初的几页，遵循Sumantran等人（2017）和Oge（2013）的论述，并从Automotive News获取数据。

离也减少了。

5）驾车带来的烦恼。驾驶越来越占用通勤者的时间，路上交通状况和到达目的地后寻找停车位的困难都对有车产生负面影响。根据 Sumantran 等人（2017）所述，出行时，人们对驾车距离和花费的时间似乎很在意，存在一个心理容忍度，不然必须找到代替驾车的解决方法。

6）不断变化的人口组成。随着年龄的增长，人们对流动性的需求逐渐减小。在工业化国家中，老年人占据总人口的很大一部分，老年人口的增长速度比年轻人更快。这一人口趋势也降低了拥有汽车的愿望。新兴国家的情况有所不同。在那里，年轻人占总人口的比例最大，并且劳动人口有增加的趋势。

7）电子商务的增长。鼓励人们使用汽车的因素之一是购物。电子商务的普及是减少汽车使用的另一因素。亚马逊、阿里巴巴和其他此类公司使沃尔玛这样的零售巨头陷入困境，展现了它们的实力。如果在自己家里吃饭的趋势增强，汽车使用量也会减少。相同的考虑也适用于去电影院看电影。多样化的电视和流媒体电影的增加，也导致了电影院上座率不断下降。

8）共享经济。对于"数字移民"来说，共享财产是个常见问题；而对于"数字原住民"，则不是这种情况。这解释了汽车共享的潮流。宝马的估计显示，在未来 10 中，一辆共享汽车将取代至少三辆私家车。包括自动驾驶汽车在内的出行服务，将占出行总量的 1/3。这个趋势将减少路上行驶汽车的数量，有利于保护环境。从经济的角度来看，它允许资源共享。但这也减少了汽车的使用。

9）在 Driving the Future 中，Oge 指出，"在未来几十年内，决定我们将驾驶什么及如何驾驶"的四个趋势，分别为城市化的增长和超大城市、需求方可以决定石油峰值的可能、国际上统一采用温室气体的法规、互联生活和工作的社会影响。

结构性下降。上述四大趋势正加速向所谓"峰值汽车"的状态转移，"在不久的将来，私家车在西方国家销售将达到一个平稳状态，然后迅速下滑。"㊀事实也的确如此，特别是在主要城市，人们倾向于与他人共享运输方式（约车服

㊀ 摘自 "Why the industry must prepare for the 'peak car' era（为什么汽车行业必须为'高峰汽车'时代做准备）"，*Automotive News*，2018 年 8 月 17 日。

务、共享汽车和其他形式),而不是拥有在他们自己的"大部分时间闲置"的汽车。

汽车需求的下降(在工业化国家)被很多人认为是理所当然的(Canzler 和 Knie,2016)。Berylls(Berylls Strategy Advisors 战略顾问)预测,到 2030 年,在最容易获得数据的美国,"个人拥有和共享的汽车总销量将下降近 12%,降至 1510 万辆"。主要问题是,当需求萎缩由诸如经济危机之类的暂时因素造成时,这种情况发生将引起空前的结构性下降。制造商目前的应对措施离突破点还差得很远。换句话说,防范威胁已经使利润减少,对此投资的可能性也不会很好⊖。

现在让我们来考察一下数字化转型对两个营销要素(营销策略和 7P)的影响和管理层的响应。

2. 市场营销研究的基调变化

数字技术的不断部署和应用,也为市场营销研究带来了深刻变革。最明显的是客户购买行为相关数据的激增。在传统的市场营销研究中,区分两种类型的数据采集是一种常见的做法,这两类数据分别为原始数据和二手数据。对一个特定项目,原始数据采集使用许多方法(如在线调查、在线重点群体分析、观察方法、实验室和现场实验,以及其他方法);而二手数据则已经存在于外部环境中,必须对它们进行鉴别和选择。数字技术极大地提高了原始数据收集和二手数据采用的能力。从 21 世纪初开始,Burke 等人在确定数字技术改变营销方式的研究中发现,人们越来越怀疑传统市场营销研究在管理决策上的角色和效率,特别是与定量有关的研究。许多经理抱怨营销研究通常无法提供期望的信息;为所提供信息付出的成本太高;即使研究确实提供了有用信息,结果通常也是姗姗来迟。根据作者的说法,"数字媒体为解决现有研究方法的局限性提供了机会。"随后几年

⊖ "宝马从 2011 年开始采用 DriveNow 汽车共享服务,该服务按分钟收费,在欧洲 13 个城市租用 6000 多辆宝马和 Mini。七年后,它仍然在亏损。2017 年,仅占宝马公司销售额的 0.07%。其余的主要来自于销售近 250 万辆豪华汽车,诸如宝马 3 系轿车。"摘自 Why the industry must prepare for the 'peak car' era,*Automotive News*,2018 年 8 月 17 日。

的市场研究进展证明了这一点（Burke 等，2001）。

供汽车制造商使用的数据量也大大增加，超出了人脑管理的能力。制造商因此也面临快速选择真正有用信息的难题。知道谁是受众和了解其成员在购买过程中的行为都至关重要。潜在客户可以在互联网上找到大量内容，从产品特性到产品和价格对比。他们在购买过程中，甚至在拜访经销商之前就做出决定。他们在互联网上找到的营销内容很能影响这些购买决定。此外，汽车制造商仅专注于当前实际接触的客户还远远不够，还需要了解正在使用信息和管理品牌数据的人。

随着数字化转型的到来，购买者被赋予更多的权力。这些因素使得人们拥有汽车及什么类型的汽车的动机变化多端，对它的研究变得更加困难。关于这一问题的文献非常多，涌现了众多不同的看法，但无疑都值得一读。

"炫耀性消费"。让我们来重新审视一下 Veblen 的理论。社会阶层与拥有汽车的愿望和可能性之间的关系早已不是讨论的热点。Alfred Sloan 曾明智地以成功的营销策略做出了回应。但最近，在社会阶层中检验消费者行为的重要性再次显现，其概念可以追溯到很久以前。

在 19 世纪 80 年代后期撰写的 *The Theory of the Leisure Class* 一书中，Veblen（1899 年）定义了他对物质产品与阶级地位之关系的看法。他以"炫耀性消费"的概念而闻名，通过使用特定的商品，"休闲阶层"可以显示其地位。Veblen 严厉批评了他所处时代的上层社会，指责他们几乎只关心自己的社会地位。

在 *The Sum of Small Things: A Theory of the Aspirational Class* 一书中，Elizabeth Currid 观察到"休闲阶层"已不复存在，取而代之的是新的主导文化精英（可以称之为理想主义阶层）。她认为，"自从 Veblen 的书出版以来的 100 多年里，他的理论在现今比以往任何时候都适用，并且适用于我们所有人。"Currid–Halkett 认为，"炫耀性消费"仍然是揭示一个人的社会地位的重要手段，但是抱负阶层的成员"找到了新的方法来展示自己的身份"。依靠汽车来证明自己身份的并不是超级富豪，而是中产阶级，他们"将收入中更大的比例、更多的钱用于炫耀性消费，而大多数富人（和非常穷的人）则花钱少"。在富人阶层中，炫耀性消费已被"看不见的、昂贵的商品和服务"所取代。其他学者也表达过相似的概念。例如，在 *The Affluent Society* 一书中，John Kennedy Galbraith 讲道，当很多人能买得起奢侈品时,这些商品就不再是与众不同的标志。在 *The Status Seeker* 一书中,Vance Packard 则指出,物质产品并不能揭示社会状态。

3. 营销组合中的传统突破:从 4P 到 7P

数字技术的发展对营销组合的所有要素都产生了影响,也产生了更多快速和多样的挑战。这同样也是个信号,表明需要把营销的"P"扩展为 7 个。这将不仅包括产品、价格、地点和促销(4P),还包括人、过程和实物。从本质上讲,有必要从传统的营销组合(主要涉及有形产品)转变成提供服务组合(普遍存在无形元素)。汽车不再仅是机械设备,而越来越是一种提供服务的手段。

(1)产品

数字技术使得改变核心产品或将其进行扩展成为可能。核心产品是购买者期望从购买中获得的主要利益,借助于此来满足他们的期望和需求。在汽车行业,这就是从 A 点到 B 点的交通运输。扩展产品或增强型产品是指围绕核心产品而构建的利益和服务。在汽车行业,这些是指款式、安全性、状态、燃油经济性等。数字技术进一步增加了这一延伸的可能性。从 21 世纪初开始,汽车公司开始重新定义自己的价值。它们转向"销售个人交通解决方案",而不是"只卖汽车"。

互联网导致的其他变化有:选择性提供数字产品(例如,通用汽车的 OnStar 系统将汽车与服务中心联系起来,以提供路边协助服务),进行在线研究,加快新产品的开发和传播。现在,客户可以参与产品创建,客户可以通过网络帮助进行产品的制定(按订单生产的汽车)。因此,与过去相比,数字时代的汽车更加涵盖了客户的体验、知识和客户品味。

随着数字时代的到来,一些规则变得尤为重要。成功的秘诀在于提供的产品必须满足市场的实际需求。和过去相比,更重要的是向客户提供价值主张。客户必须能通过产品或服务找到他们所期望的。如果无法提供这些,则可能导致反冲,就像互联网病毒一样,会快速、轻易地"咬住你"。制造商必须确保产品及与其相关的售前、配件、附加服务尽可能满足客户的期望。

"整体消费者体验"的概念也变得很重要。这包括购买前的调研和评估、购买交易,以及使用互补的产品和服务。根据 Wind 和 Mahajan 的观点,"产品设计师的责任在购买交易完成时并未结束"。

由于所有这些原因,以及我们将在后续看到的其他原因,传统产品的定义和产品营销模式已经部分地发生了改变。

(2)价格

正如 Tapscott 在 *Digital Capital*:*Harnessing the Power of Business Webs* 一书中观察到的那样,价格以单一的数字汇总了客户对整体条件的估价,这些条件包括产品上市时间、创新、时尚、状态、稀有性,以及它的长期价值。互联网影响定价信息流通的能力迅速显现。JD Power 和 Associated(2000)指出,1999 年,美国超过一半的购车者曾在购车过程中查询过互联网。

数字技术对定价政策具有重大影响。根据 Chaffey 和 Chadwick(2016)的研究,主要影响表现在以下方面:

1)价格信息透明度增高。在数字时代,互联网等同于透明度,客户拥有更多的信息,很容易做对比分析。Ryan 指出,在其他条件相同的情况下,价格甚至是更低的价格也不足以赢得竞争,必须确保整体价值主张对客户具有吸引力(2015)。

2)下行价格的压力。源于价格透明度的提高和竞争对手的增多,下行压力也推动了众多产品和服务的商品化。

3)新的定价方法(包括拍卖)。这些选择中的许多方法在以前也曾使用过,但数字技术使得某些模式更易实现。特别指出,传统或正向拍卖(公司对消费者,即 B2C)以及反向拍卖(B2B)都更广泛地得到使用。在汽车行业,与出租公司的谈判已能感觉到这种影响。

4)替代定价结构或政策。互联网使得不同类型的定价成为可能。这尤其适用于可下载的数字产品如新的付费选择,包括按使用次数付费、按月付的固定租金。

Simon 和 Schumann(2001)指出了在数字时代中,与定价政策相关的五点管理教训:

1）任何形式商业的根本动力是价值的创造。也就是说，对所提供的产品和服务而言，它们为客户创造的价值要高于其生产成本。因此，定价过程始于对客户需要、需求和欲望的了解。互联网能鼓励客户提供反馈。有效的定价政策往往始于研发之前。根据 Simon 和 Schumann 的说法，互联网提高了客户创造价值的可能性，在很大程度上通过以下三种主要方式：它加大了买卖双方之间的信息交流；它增强了公司进行市场细分并提供规模定制的能力；大大降低了交易成本，而且有利于业务开展。

2）互联网为客户提供了一个便捷方式用来下订单、查看进度，从而使服务价值增值。为客户创造的价值可以转化为更高的定价。

3）除了增强市场细分的能力，互联网还提高了区别定价的能力（Baye 等，2007）。细分市场在价格方面具有不同程度的弹性，因此定价公式可能因细分而异。随着客户提供的信息越来越多，该细分市场的最佳价格估算可以持续更新。此外，因其具有互动式的沟通结构，互联网平台能支持大规模的群体细分计划。

4）除非制造商能够一直保持最低的成本，否则必须避免价格战。对于降低价格的制造商而言，竞争对手可以用降低它们的定价做出回应。其回应不能是新一轮降价，否则客户忠诚度会暴跌。最好的回应是为客户选择他们的产品提供更多的理由，并且保持合理的价格。"物有所值，但不是最低价格"。例如，定价政策的灵活性和简单性，可变成客户创造价值的因素。这就像可以利用互联网使定价结构更加透明，并不断更新，从而提供产品和价格的选择。

5）营销策略不能基于定价结构和竞争格局是稳定的假设。数字技术在处理信息流方面的发展呈指数级上升。买卖双方都从中受益，但受益程度不同，因此平衡迅速变化。我们不能期望影响价格的市场环境（即汇率、利率）保持稳定。取得成功的是能够不断适应变化的企业。

数字技术可更好地了解客户的响应，了解客户如何考虑用其他要素来换取对特定价格政策的回应。这些要素包括所需汽车产品的简化、省时，以及使用方式的灵活性。对于高端细分市场的车辆，这些尤其适用。雷克萨斯为其新的 UX 产品引入的"全包"租赁套餐，便是这类案例[○]。

（3）地点

21世纪初，Tapscott 观察到"每个 b-web 都在两个世界中竞争"：实物产品（有形市场）和数字信息（空间市场）。他曾预测："10年之内，许多发达国家的主体产品和服务，都将在空间市场上销售"。他还写道"商业的新领域是市场面"，即有形市场与空间市场之间的接口。他以 Gap 公司作为"网络展示与实体店的集合体"的范例。Gap 在网络上销售（空间市场），如果客户发现产品尺寸不合适，他们可以将产品退回实体连锁店（有形市场）。

在某些领域，互联网的出现使实体销售结构变得无关紧要。但在汽车行业，经销权对于大多数营销活动来讲都是不可替代的，如陈列室管理、日常维护和控制及售后服务。几乎在每个国家，加盟商都有保护性政策以保障它们的经销权。鉴于很多购车者更喜欢在线查询车辆，并在他们考虑拜访经销商之前就已做出购买决定，制造商则更多地利用增强现实（AR）和虚拟现实（VR）来向潜在客户展示其产品，并尽量与潜在客户保持直接联系。

汽车制造商在分销方面也没有放弃创新。以福特汽车为例，它在中国这一全球最大的汽车市场上测试了取代传统经销商的可能方法。福特与阿里巴巴的在线零售平台"天猫"达成协议，以探索在线销售模式。根据分析师的说法，在中国尝试替代传统销售模式有独特的意义。中国汽车市场竞争激烈且不断发展，与美国一样，越来越多的消费者对在线销售感兴趣。

1）制造商与经销商间的新型关系。电动汽车销量的不断增长意味着汽车市场的将来。基于这一市场预期，有必要重新考虑制造商和经销商之间的关系。例如，大众汽车与其在欧洲经销商网络之间的一项协议改写了大众品牌零售商的获

○ "雷克萨斯不想使短期租赁计划的价格过高""我们想要知道这个门槛是什么"和"必须做出正确的定价"。雷克萨斯正在针对向年轻的城市客户或以城市为中心的生活方式的人们进行推销，宣传其小的转弯半径、标准的 Apple CarPlay、可以检测到行人或骑车人的制动安全装置，以及移动应用程序，能够将亚马逊的 Alexa 语音控制功能引入车辆。来源："Lexus' UX will test market for flexible lease options"，*Automotive News*，2018年10月14日。

利方式，以及它们与客户和主机厂的关系。该协议允许汽车制造商与客户建立直接联系，"但是，这其中也包括利润共享协议，并降低对经销商基础设施的要求。"这一做法的目标是确保经销商获得一定水平的利润。基于其将出售电动汽车，维修工作和其他服务的需求将相应减少。该欧洲协议允许制造商通过互联网向客户直接出售汽车，尽管大众汽车预测该方式最多能占销售总额的5%⊖。

并非所有人都相信经销商面临危机的说法。面对电动化、智能化汽车的到来，以及在线销售不断增长的压力，有些人仍深信经销店有它的未来。例如，奥迪美国公司首席执行官Scott Keogh将这些变化定义为"经销商的巨大机会"。经销商收入的四个主要组成部分分别为新车销售、二手车销售、服务和配件、新的数字服务，它们均将带来收益。Keogh坚持认为预料到灾难的人是错误的⊖。

2）互补结构也取得了进展。与分销渠道互补的设施，如加油站，在响应客户的期望方面也有了一系列显而易见的发展。正如D'Aveni（2000）的研究所示，这样的发展在汽车行业中几乎会定期发生。"以每十年为一个周期，加油站重新定义其服务，以满足不同的需要"。消费者需求的变化源于不断改变的生活方式和技术进步。正如D'Aveni所预测的，这些加油站将成为提供替代燃料的"绿色中心"，如"为混合动力汽车提供电力，以及为氢能汽车提供水"（表17-1）。

⊖ 大众汽车欧洲经销商理事会主席，在这次欧洲市场重新谈判签署协议中扮演了重要角色。他促成了经销商和制造商新协议的确定。随着电动汽车的来临和数字化零售在欧洲的发展，大众汽车在欧洲的经销网络已经达到转折点。或者长期以来的制造商与经销商业务关系必须改变，经销商学会接受较低的收入；或者经销商将面临财务危机。协议于2020年4月生效，终止了制造商对经销商高成本的"玻璃宫殿"的硬件要求。来源："VW rewrites the rules with new retail agreement"，*Automotive News*，2018年10月29日。

⊖ Keogh在汽车新闻全球大会上说：这不是世界末日，"这是一个强大的全新世界。"同样，保时捷汽车北美区首席执行官Klaus Zellmer着眼于经销店如何将品牌的客户体验度提升到可以与汽车内外的奢侈品竞争的水平。尽管购买过程将发生变化，保时捷预计到2025年，其30%的汽车产品将在网上销售，但他坚称经销商仍然是关键。来源："Dealers are vital in electrified, self-driving future"，*Automotive News*，2018年10月。

3) 迈向基于互联网的多渠道分销。在目前的销售结构中，制造商通常与客户没有直接联系，只有几家在大城市中拥有旗舰店。制造商在市场营销、销售、售后服务等方面为经销商提供支持，但是与客户直接联系的只有经销商。鉴于数字化转型开辟了新的细分市场，这一结构在未来将发生巨大变化，如移动服务、互联服务和多式联运（参见第 18 章）。因此，销售结构需要改变。这样客户可以既是汽车拥有者，又是接受服务的客户。目前的销售结构千差万别，这使得向数字化转型相当复杂。另一个挑战是，无论采用哪种渠道，客户都希望获得同等的服务质量。

表 17-1　美国加油站服务内容随技术发展发生的变化

时间	服务内容
20 世纪 60 年代	全方位服务站点。提供机械修理师、洗窗、高性能汽油以满足车辆的需求，并提供可靠的个性化服务
20 世纪 70 年代	自助式加油站。提供自助油泵，并在许多新加油站提供无铅汽油和柴油，以满足由能源危机导致的需求及高流动性的生活方式，以及确保不出现因汽油耗尽而抛锚困住的情况
20 世纪 80 年代	便利商店。用加油和自动洗车服务来吸引客户进入零售商店。目标是满足那些长时间工作、远距离通勤客户的需要，为他们提供快速的一站式购物服务
20 世纪 90 年代	安全避风港。满足单身女性对于安全的需求。延长工作时间，并提供更快捷的付费方式（如 speed pass 通行证和信用卡付款），以及更好的照明和夜间购物的监控摄像头
21 世纪初	将零售从小型便利店的选择转变为种类繁多的商品和服务，包括与 Dunkin'Donuts 和高端咖啡零售商合作
未来	许多人认为加油站将变为提供替代燃料的绿色环保中心，如为混合动力汽车提供电力、为氢能汽车提供水等

注：资料来自 D'Aveni（2000）的文献，第 96~99 页。

Winkelhake（2017）曾说："为了成功，老牌的制造商必须通过以下方式对销售结构进行转型，成为多渠道结构，来增加与客户的接触"。他还指出，由于向数字化转型，销售部门需要重新考虑一系列的变化趋势：

1）零件的互联网销售量增加。零件的 3D 打印量增加。

2）经销商数量大大减少。在保留下来的经销商中，最终成功的将是那些作为组织或商业链的一部分的企业，它们将其活动扩展到新的服务（包括附加服务，如融资、保险等）。

3）在销售过程、按订单生产模式中所需车辆的配置，以及虚拟测试驾驶中虚拟现实和增强现实技术的使用将越来越重要。

4）在出行服务中，制造商品牌失去了重要性。在这些服务中，客户的选择标准基于价格和领域内网络的扩展程度。商业模式和客户服务计划有助于客户对移动平台保持忠诚。

5）预计经销商平均收入将会有所下降。来自汽车销售的收入，一部分会被来自移动服务销售、车辆连续诊断、认知技术的车辆维护、软件空中更新等服务的收入所取代。

6）独立于制造商的组织将进入市场。它们的管理基于多平台的互联网销售。

(4) 促销

数字时代改变了人们和企业的沟通方式。这开辟了新的沟通渠道，尤其是那些向客户宣传并协助购买决策方式的渠道。广告、促销、宣传、公共关系及企业沟通的大多数方法和概念，部分已经过时。甚至有人提出"一个时代的终结"。直至最近，制造商仍以一种单向、一对多的方式进行沟通，向"没有决策能力的消费者"发送消息。在数字时代，这种关系发生逆转。客户可以访问有关产品的大量信息，"权力正转移给他们"。他们不仅像过去一样从制造商和中介机构处获得信息，也可以通过网络，从其他消费者那里"一对一"地得到信息（Adjei 等，2010）。客户的看法和考虑因素，越来越少地依赖品牌商所传达的信息。

在 *The Art of Digital Marketing*（2016）一书中，Dodson 观察到这种现象。与传统交流渠道不同，互联网使公司可以了解到客户的很多信息。通过查看人们在网上的行为，营销管理部门能够了解客户购买行为的各个方面：从对技术的偏好，到他们对互联网的使用习惯，以及在决定开始购买之前他们已经知道什么内容。因此，制造商决定目标产品的能力得到提高，从而能制定成功的营销策略。

表 17-2 总结了促销组合的主要元素，并指出了一些用于在线实施的方式。

数字互动媒体的显著特征是什么？在"Digital Marketing Communication"（2001）这篇文章中，Deighton 和 Barwise 对这个问题进行了回答：

1）一对一，而不是一对多沟通。互联网允许参与者彼此之间建立联系。消费者可以组成社区交换信息。这给了他们更大的权力和能力来评价商家进行的沟通方式。这是传统媒体形式无法提供的。

2）内容可以永远是新鲜的。数字互动媒体可以不断更新内容，这是宣传册、目录和其他传统形式所不具备的优势。价格可以根据供需情况进行调整。

3）消费者可以选择信息。搜索引擎可以选择网页上所包含的海量数据。

4）社区的形成不受空间或时间限制。消费者历来拥有建立社区和交换信息的可能性，但是数字化交互式媒体可以更快地帮他们设置社区，并扩展到更广泛的区域。

表17-2 促销组合的主要元素

交流工具	在线实施方式
广告	互动式展示广告、按点击数付费搜索广告、社交网络、病毒扩散式广告推广活动
销售	虚拟销售人员、网站销售、聊天和会员营销、增强现实、虚拟化身①
打折促销	激励、奖励、在线忠诚度计划、特别系列、地理定位器
公共关系	在线社论、博客、提要、电子通信、新闻通信、社交网络、链接和病毒扩散式推广活动、影响者、博主
赞助商	赞助在线活动、站点或服务、有影响力的人
直邮	使用电子新闻简报和网络爆炸方式的许可电子邮件（第三方广告电子邮件）、GPS（全球定位系统）追踪（智能手机）
展览会	虚拟展览和白皮书分发
推销	零售商网站上的促销广告服务、个性化推荐和电子提示
打包	虚拟导览、在线展示真实包装
口口相传	社交、病毒扩散式营销、会员营销、给朋友发送电子邮件推广、链接、在线论坛、有影响力的人、博主

注：资料来自 Chaffey 和 Chadwick（2016）的文献并做出适合行业的调整。

①虚拟化身是可以通过计算机技术进行动画处理的图形表示。使用虚拟化身的销售代理能促成对零售商满意度的提高、更积极地对待产品、更大的购买意愿"（Holzwarth 等，2006，第19页）。

根据 Chaffey 和 Chadwick 的研究，有三种方式将数字技术运用于不同的促销组合。第一种是"审视运用促销组合各要素的新方法"（表 17-2）。第二种是确定互联网如何应用于购买过程的各个阶段。第三种方式涉及使用沟通工具（表 17-2）来"协助消费者关系管理的不同阶段"，从客户获取到客户保留。在网络环境中，这意味着吸引网站的最初访问者，并鼓励他们通过各种通信工具重复访问（Chaffey 和 Chadwick，2016）。

（5）人

营销组合的第五个要素是人。它包括机构和客户之间在售前和售后阶段展开的互动。关键点在于公司如何为客户提供服务。这主要发生在制造商拥有的经销店中。在汽车行业，员工与客户间存在高度的联系。因此，对于服务性机构（代理商等）而言，很重要的是清楚地指明员工在与客户互动时的期望值。"为了实现明确的标准，招聘、培训、激励和奖励员工的方法不能被视为纯粹的人事决定，它们是重要的营销组合决策"（Palmer，2014）。"人"作为要素之一，强调了人是信息搜索的核心，而不仅仅被动地接收公司的消息。

（6）过程

在营销组合中，过程涉及方法和流程，主要包括促销和客户服务。公司利用方法和流程开展和执行所有的营销职能，特别是有客户直接参与的营销活动。当公司提供服务时（即购车之前的信息），客户成为流程本身的一部分。他们来"共同制定"服务。例如，这是他们第一次购买汽车还是第三次？他们对汽车充满热情还是简单地将它们视为交通工具？他们对环保问题敏感吗？

（7）实物

在网络环境中，客户根据实物对导航、可用性和性能进行感知。通过网站，客户有了对公司的体验。当机械产品（如汽车）的报价与新服务结合在一起时，必须遵循一定的原则才能保证成功。这一状况越来越普遍。服务的无形本质意味着潜在消费者无法在购买前对其进行评估，这增加了购买决策中固有的风险。对此，营销必须以降低风险水平为目的，提供有关服务特性的切实证据。以最简单的形式为例，它可以是以带有照片的视频对例行检查和维护的地方和设备进行说明展示。

数字化时代消费者购买过程从 AIDA 转变到五个"A"阶段。

在 *Marketing 4.0: Moving from Traditional to Digital* 一书中，Kotler 等人（2017）的贡献是确认了从传统营销到数字营销转变的关键点。特别是在处理数字技术对消费者购买过程的影响方面，作者的阐述与传统的 AIDA 路径（关注、兴趣、欲望和购买行动）相比向前迈进了一大步。考虑到框架变化的连通性，新的客户路径是认知（Aware）、吸引（Appeal）、询问（Ask）、行动（Act）和支持（Advocate）。

1）认知。客户被动地从公司的通信和其他客户的口碑中获得交流，并借鉴他们自己以往的经验。

2）吸引。客户对他们一直所接触的信息进行开发。他们将注意力集中在少数品牌上。

3）询问。他们向家人、朋友、媒体或直接向制造商的网站或销售代表寻求信息和建议。

4）行动。客户被他们所获取的信息说服，购买指定品牌，体验购买和售后服务。

5）支持。如果他们使用产品的经验证实了他们选择的正确，从而建立了信任。这可能会促使其二次购买和支持（口碑），客户会通过这种方式向其他人传达他们的正面评价和经验。

Kotler 等人得出了这样的结论：在该过程的最后，*Marketing 4.0: Moving from Traditional to Digital* 旨在引领客户从认知到拥护。为了影响这一转变，营销人员采取了三种方式，将"自己的影响力、他人的影响力和外部影响力"结合起来。他们"自己"的影响力来自组织内部，"他人"的影响力来自客户所属的社区，而"外部"影响力则来自外源，如广告和其他营销刺激。

参考文献

Adjei MT, Noble SM, Noble CH (2010) The influence of C2C communication in online brand communities on consumer purchase behaviuor. J Acad Mark Sci 38 (5): 634 – 654.

Baye MR, Gatti JRJ, Kattuman P, Morgan J (2007) A dashboard for online pricing. Calif Manag Rev 50 (1): 202 – 216.

Burke R, Rangaswamy A, Gupta S (2001) Rethinking market research in the digital world. In: Mahajan V, Wind J (eds) Digital marketing: global strategies from the worlds' leading experts. Wiley, London, pp 226 – 255.

Canzler W, Knie A (2016) Mobility in the age of digital modernity: why the private car is losing its significance, intermodal transport is winning and why digitalisation is the key. Appl Mobilities 1 (1): 56 – 67.

Chaffey D, Chadwick E (2016) Digital marketing. Pearson.

Currid – Halkett E (2017) The sum of small things: a theory of the aspirational class. Princeton University Press.

D'Aveni R (2000) Beating the commodity. Harvard Business Press.

Deighton J, Barwise P (2001) Digitalmarketing communication. In: MahajanV, Wind J (eds) Digital marketing: global strategies from the worlds' leading experts. Wiley, London, pp 239 – 261.

Dodson I (2016) The art of digital marketing. Wiley, London.

Holzwarth M, Janiszewski C, Neumann MM (2006) The influence of avatars on online consumer shopping behavior. J Mark 70 (4): 19 – 36.

JD Power and Associated (2000) More than half of all new vehicle buyers use the internet during the shopping process (press release, September 14).

Kotler P, Kartajaya H, Setiawan I (2017) Marketing 4.0: Moving from traditional to digital. Wiley, London.

Oge M (2013) Driving the future: combating climate change with cleaner, smarter cars. Arcade Publishing.

Palmer A (2014) Principles of service marketing. McGraw – Hill, NY.

Ryan D (2015) Understanding digital marketing: marketing strategies for engaging the digital generation. Kogan Page.

Simon H, Schumann H (2001) Pricing opportunities in the digital age. In: Mahajan V, Wind J (eds) Digitalmarketing: global strategies from the worlds' leading experts. Wiley, London, pp 362–390.

SumantranW, Fine C, Gonsalvez D (2017) Faster, smarter, greener: the future of the car and urban mobility. The MIT Press.

Tapscott D (2000) Digital capital: harnessing the power of business webs. Harvard Business School Press.

Veblen T (1899, new ed 1924) The theory of the leisure class. Allen & Uniwin, London.

Winkelhake U (2017) The digital transformation of the automotive industry. Springer, Berlin.

第 18 章 创新与汽车行业的数字化转型

> **本章摘要**

在 2020 年前,"数字化转型"的概念在汽车行业受到越来越多的关注。它给各经济部门的竞争带来了深刻的变化,因此,本章探讨它对各个部门的显著影响;对汽车行业特定趋势的现状进行分析,目的是对迈向 2030 年营销策略的发展做出预测。三种力量共同作用已创造了一个新的数字世界。按时间顺序,第一种力量是以指数级增长的更低成本的计算机。第二种力量是网络的价值,它随着规模的增长而增长。第三种力量是使用云计算技术,它使得更多的数据以更低的成本进行传输。在汽车行业,政治、环境、社会和经济趋势正在对竞争进行改变。面对指数级速度发生的技术改变,公司的变化要慢很多。填补或缩小差距是管理层面临的主要挑战。此外,在汽车行业,四个创新趋势值得特别关注,它们在未来几年中可能会迅速发展,影响到整个行业,这四个趋势分别为出行服务而非拥有车辆、互联服务需求的不断增加、自动驾驶和电动汽车。本章试图回答以下问题:既然很难预测电动汽车和无人驾驶汽车需求的持续性,为什么几乎所有制造商都对此投入大量资金?

1. 数字化转型正在加速并且影响深远

"数字化转型是公司在数字化世界中为具有竞争力而做出的调整"。这一定义是由 Jansson 和 Andervin(2018)在他们的著作 *Leading Digital Transformation* 中提出的。在 2020 年前，汽车行业就对这个话题讨论得越来越多。数字化转型为各领域的竞争带来了深刻变化，只要检验一些已知趋势，就能看到其影响有多大。

1）2006 年，就股资规模而言，跻身于《财富》世界 500 强的前六家公司分别是埃克森美孚（石油）、通用电气（企业集团）、微软（科技）、花旗集团（金融服务）、英国石油（石油）和荷兰皇家壳牌公司。12 年后（2018 年），该排名由科技企业主导。按顺序，跻身前五名的公司分别是苹果、亚马逊、Alphabet（谷歌的控股公司）、微软和 Facebook。埃克森美孚降至第八位，Berkshire Hathaway（金融）排名第六，摩根大通（金融）排名第七。

2）2017 年，跻身《财富》最初排名的 61 家公司仅有 12% 仍然在列。

3）Foster 和 Kaplan（2011）计算出被列入标准普尔指数 500 公司的平均寿命从 1958 年的 61 年下降到 2017 年的大约 15 年。他们估计未来标准普尔指数 500 公司 3/4 在 2017 年还尚未成立。

4）20 年以来，亚马逊已从一家在线书店转变为一家全球电子商业零售商。2018 年，与苹果公司共同超过一万亿美元市值，这个水平是其他公司从未达到过的。2017 年，当亚马逊宣布其新成立汽车研究中心时，它成为第三方汽车购物指南的潜在竞争对手。

5）特斯拉的市值远远超过通用汽车，尽管两家公司之间的产量比为 1∶100。2017 年末，特斯拉每售出一辆汽车，市值为 235000 欧元，而大众汽车公司的这一数字是 6300 欧元。

这些都意味着什么呢？这意味着没有一家公司（无论它曾经多么成功）能依靠现有的策略一成不变；也意味着数字技术在每个部门都至关重要，汽车行业也不例外。

在 2016 年的达沃斯（Davos）大会上，通用汽车首席执行官 Mary Barra 表示："我们正在从一个行业中转变。在过去的 100 年中，这个行业一直依赖于由独立机械控制、以石油作为燃料的车辆。而这些车辆将很快成为电控互联并由多种能源提供燃料。""我相信，与过去 50 年相比，汽车行业在未来 10 年要发生更多的变化。"

在 The Digital Matrix: New Rules for Business Transformation through Technology 中，Venkatraman（2017）总结了许多学者的观点：我们才刚刚进入数字转型的第一阶段，而且我们根本不知道未来会是怎样的。他补充说："我们看到后工业时代诞生的数字公司，其公司管理原理和实践与以往的老公司大不相同"。

2. 变化率是关键挑战

下面我们将汇总专家、汽车制造厂管理者、专注汽车行业的咨询公司，以及有关该主题的文章和书籍的作者的观点。通过分析目前的情况，就营销策略走向 2030 年而提供发展预测。

在最后的两点改变中，我们描述了正在进行的中期趋势。尽管该预测受假定条件的影响，回顾 2030 年之前的背景对这个分析非常有用。

（1）"iPhone 时刻"

这两个词已成为数字技术在各个领域带来革命性改变的象征，如电话服务领域，它导致了诺基亚和黑莓等标志性产品的衰落。许多专家认为，对于汽车行业来说，这一时刻的到来还很遥远，并且可以通过采取恰当的策略规避。各主流汽车公司的管理层认为电动汽车和自动驾驶汽车即将出现。它们连接到网络，在用户之间共享，而不是单独购买。管理层正为此做着准备。

对汽车行业最有挑战的预测是基于未来可能出现的电动汽车、无人驾驶汽车和约车服务的组合。"Alphabet 对 Lyft 的投资就是将这三者组合在一起，用一种新的运输模式为人们提供服务。根据智库 RethinkX 的分析，这项服务将是对传统汽车所有权的一种廉价诱人的替代方案"。RethinkX 善于分析技术引发的产业变革。"智能手机及其应用程序使新的商业模式成为可能"，斯坦福大学经济学家 Tony Seba 如是说，"共享化、电动化和无人驾驶这三者的融合，有可能扰乱从停车到保险、石油需求和零售的一切。"前日产－雷诺汽车公司首席执行官 Ghosn 持有相同的观点，并敦促该行业接纳创新的新进入者。他说："三股力量——电动化、自动驾驶和车辆联通——将会以一种我们还只能想象的方式来改变我们的行业"。

2020年前，汽车工业的主要要素如下：

1）汽车制造商的市场估值处于金融危机（2008年）以来的最低水平，行业是否能够维持当前的赢利水平并不确定。此外，自第二次世界大战以来的首次需求下降可能是结构性的。

2）在欧盟，新排放标准开始生效后，新车登记量暴跌。从伦敦到布拉格，柴油禁令和驾驶限制已经引入全球大多数城市。

3）制造商在电池和自动驾驶方面投入了大量资金，而品牌的吸引力有所下降。这是由于客户（尤其是新一代）更关注汽车的仪表板而不是它的功率。这样很难维持高品牌忠诚度。

4）汽车行业易受国际环境和国际关系的影响。对严重依赖全球供应链的行业而言，保护主义带来了新的不确定性。供应链和海外投资地理分布的选项有诸多尚未解决的问题。如果德国制造商决定投资美国工厂，其能否供应内部（德国）市场及亚洲市场存在疑问。

5）美国（底特律）和意大利汽车行业的萎缩是一个警告信号。产量很高的国家，如德国（每年超过500万辆汽车），很清楚它们的命运与内燃机息息相关。

6）电动汽车的底盘与使用内燃机的汽车底盘有很大不同。假设电动汽车的需求快速增长，汽车产业供应链的市场动荡将主要在欧洲。机械零件生产商无法轻易过渡到生产电动汽车的零部件。

7）从长远来看，中国已经是电动汽车的领先市场。汽车行业的历史告诉我们，开拓者可以大批量运营并连续扩张，迅速巩固自己的地位并主导市场。在技术发生根本转变的阶段（从内燃机汽车到电动汽车），想要少承受风险是非常困难的。

8）Bloomberg估计欧洲的电池产量仅占4%，其电动汽车供应链位于亚洲，并且由中国主导。

9）如果到电动汽车的过渡发生在几十年内，汽车制造商将有时间进行调整。但是，在中短期（3~5年）内做出响应会非常艰难。汽车产量低，只有高级品牌才能赚到足够的资金，为调整提供资金。主流汽车制造商正在投资电动汽车（德国有30多种款型发售），但距离收支平衡还相距甚远。联盟是最常见的回应。

大众汽车正与微软和Gett合作，宝马与英特尔和Mobileye合作，戴姆勒与博世和优步、雷诺、日产合作、三菱和谷歌合作。

10）欧洲汽车工业的历史告诉我们，汽车行业对于就业很重要。面对需求的长期下降，政府出台了各种救助计划。结果通常是产能过剩，以及随之而来的价格和投资下行压力（Jullien和Pardi，2013）。

（2）避免诺基亚式的衰落

三股力量共同作用创造了一个新的数字世界。按时间顺序，第一股力量是指数级增长和成本不断降低的计算机功能（"Moore定律"）。在1965年发表的一篇文章中，Moore观察并描述，在固定时间（每隔两年）内，计算机芯片的性能继续以指数级速度增长，而芯片的价格和尺寸以相应的速率渐进下降。鉴于技术的不断发展，变化的间隔在反复变化，目前，它在18～24个月之间。"Moore定律"是基于观察到的现象，尽管它没有被科学证明，但是被视为工业数字革命的标准。第二股力量是网络价值，它随着网络规模的增长而增长（"Metcalfe定律"）。第三股力量是使用云计算技术，更多数据以更低的成本进行传输（"Gilder定律"）。正如Wadhwa和Salkever（2017）在他们的 *The Driver in the Driverless Car* 一书中指出，"Moore定律"解释了为什么iPhone和Android手机比数十年前的超级计算机要快得多，甚至比美国国家航空航天局（NASA）在阿波罗飞行任务中用来送人登月的计算机还要快。

面对指数级速度发生的技术变革，公司的改变要慢得多。这是一个变化速度差异而造成的问题，因而填补或缩小差距是管理人员面临的主要挑战。对于市场营销而言，此任务更加艰巨。公司内部可承担和支持的组织调整速度必须与环境变化速度（技术的和社会的）相匹配。在内部组织变化速度缓慢的同时，外部变化因组织惯性而严重受阻。这一惯性产生于组织结构、态度、使决策放缓的行为和文化、过程适应性变化、对来临的威胁的识别及对价值（赢利能力）沿价值链迁移的理解。甚至在社会环境中变化更快，这在年轻人对拥有商品的态度变化（"利用，但不拥有"）的例子中显而易见。

市场营销力图避免资源投资于短期内会被淘汰的解决方案。但数字化转型加剧了决策上的困难。可以借鉴车载电话和消费类GPS装备的经验。车载电话在

20世纪80年代和20世纪90年代非常流行，但由于移动电话的普及而很快就消失了。消费类GPS装备，如TomTom或Garmin，成为许多汽车设备的一部分，已经取代了道路地图。现在由于几乎每人都有一部带有多个地图应用程序的智能移动电话，消费类地图测绘设备的销售量暴跌。

（3）营销和技术紧密相连

营销的重大进展均为技术创新的结果。印刷、电报、铁路、广播、电视及最近的互联网，已经从根本上改变了与消费者及消费者之间的沟通方式。

Ryan 在 *Understanding Digital Marketing：Marketing Strategies for Engaging the Digital Generation* 一书中写道，互联网"预示着营销史上最具颠覆性的发展"。他同时指出，在新技术的推动下，营销发展过程遵循如下四个阶段：①出现一种新技术，最初仅被专家或技术爱好者，或被创新吸引的人使用；②新技术开始传播，并在市场上占据一席之地，它在市场中被许多公司所采用；③着重于创新的公司利用新技术来延伸对潜在客户的服务；④新技术开始普遍使用，这使不能适应市场的人感到惊讶，当新技术的潜力得到充分利用时，它就具备了打开新市场并动摇现有市场的能力。

3. 塑造汽车行业的意外趋势

四种趋势值得特别关注。它们在未来几年中可能会快速发展，并且对消费者行为和整个行业产生影响。这四种趋势分别为出行服务而非拥有车辆、对互联服务的需求不断增加、自动驾驶、电动汽车（Firnkorn 和 Müller，2012；Winkelhake，2017；Jansson 和 Andervin，2018；Sumantran 等，2017）。鉴于它们对行业创新具有重大影响，自动驾驶和电动汽车将在特定章节中进行分析。

（1）出行服务而非拥有车辆

在新兴国家和经济较发达国家大城市以外的地区，汽车拥有权仍在人们的期望排位中保持领先地位（它通常排在第二位，仅在房屋拥有权之后）。但在欧洲城市、美国城市及其他国家的特大城市中，情况并非如此。在这些地区，汽车交通对环境的影响和因交通拥堵导致的时间浪费，降低了人们特别是年轻人对拥有汽车的需求，从而导致对出行服务的需求增加，并反过来促进了技术进步（如应用程序的使用）。电动自动驾驶汽车的普及会推动出行服务业持续增长。未来，人们可以通过智能移动电话应用程序呼叫"robotaxi"，在指定地点准备就绪，将客户送达目的地并在线收费，同时使用远程控制系统，避开交通拥堵地段。

丰田是最早面对这一变化的汽车公司。它在这充满不确定性的时期，试图寻求在汽车行业重新定位，并获得了超越竞争对手的优势。对自动驾驶和共享经济可能取代传统汽车所有权的模式，丰田已经对 Grab（叫车服务）和 Uber Technologies（robotaxi）进行了投资。⊖

出行服务主要由以下几家公司主导提供：优步、来福车、ZipCar、BlaBlaCar、滴滴。它们提供的服务非常相似，仅在一些细节上有差别。这些公司的成功可以归因于它们定价低廉、服务易为客户使用。老牌公司无法与这些精简的、没有资产（或很少）的、"诞生于网络时代"的公司竞争。

一些传统制造商为客户提供出行服务，通常与戴姆勒和宝马等伙伴合作。一些制造商使用不同的运输方式（汽车、公共汽车、自行车、轮渡）为客户提供长距离联运服务，如戴姆勒与 Moovel（见下文）的合作。福特出价竞购电动踏板车公司 Spin，以扩大其移动产品范围，满足消费者对短途运输的需求。在美国，大众汽车推出了 Moia，提供约车和汽车共享等服务。与通用、宝马和戴姆勒等公司推出的相近服务略有不同，Moia 的目标是与现有的公共交通竞争。基于这个原因，该服务使用了定制的 Moia 品牌电动汽车，提供 6~8 个座位给那些想要共享驾驶的人。

⊖ 丰田汽车正在为人们不买车的潜在未来做准备。这就是该公司对网约车服务提供商进行投资的原因。最显著的是它对东南亚领先企业 Grab 投资了 10 亿美元。此外，丰田利用在 Uber Technologies 公司 10 亿美元的投资，为它的机器人出租车项目来设计一款小型客货两用车。资料来源："Toyota, plowing millions into Uber, eyes the future of cars", *Automotive News*, 2018 年 9 月 28 日。

为避免或减少售卖车辆与售卖出行服务之间的冲突，一些制造商创建了特有的组织部门。例如，戴姆勒成立了 Moovel 部门，专门提供一系列服务，并有多个合作伙伴：Car2go 品牌（也是戴姆勒的品牌）旗下的汽车共享、公共交通、出租车和自行车服务。为了更好地与美国本土的约车服务优步进行竞争，戴姆勒和宝马将它们的汽车共享服务 Car2go 和 Drive Now 结合在一起。戴姆勒首席执行官 Dieter Zetsche 在宣布伙伴关系时说："作为汽车工程的先驱，我们不会偏离为未来城市出行服务的长远目标"。

（2）什么是汽车制造商的预测

可以预测出行服务将对汽车制造商的销量产生负面影响，从而降低品牌忠诚度。出行服务的客户对最简单、最灵活的交通方式感兴趣。对他们而言，汽车制造商的品牌因此变得不那么重要。此外，相较于私家车（更长时间保持静止）而言，汽车共享有更高的汽车使用率。

在出行方面，与品牌无关的平台运营商可独立运营。实际上，它们所能提供的服务可能比制造商范围广得多。因为可以提供包含更多品牌和更多类型的车辆，它们对客户更具吸引力。对于这些运营商来说，批量品牌几乎等同。对汽车供应商的选择基于价格，当车辆用于 robotaxis 服务时更是如此。

随着用于出行服务的车辆不断增加，新车市场将在超大城市收缩，与之相伴的是对拥有私家车的兴趣降低，以及自动驾驶在大城市中的普及。许多人预测，在经济发达的国家，汽车需求将下降或持续放缓，但这应由对新兴市场的需求增加予以补偿。

（3）对车车连接服务的需求不断增加

同样归因于技术的进步，配备车车连接功能的新车在未来数年注定会增加。产生的影响主要有两方面：一方面，车车连接促进了出行服务的使用，从而扩大了需求；另一方面，它为制造商开展新的业务模式（如远程诊断）提供了更大的可能。随着自动驾驶的发展，提供辅助驾驶所需的传感器和摄像头数量增加，可用的数据也越来越多。这些数据可以与车辆获取的环境信息相配套，进行与服务相连接的评估。这样可以获得有关客户行为的有用信息。

正如该行业的专家所述，连接度更高的趋势必然导致多个运营商之间的合作。消费者希望各项服务之间具有连续性，最重要的是快速响应时间㊀。

4. 通往自动驾驶的道路

2014 年，当 Google 推出一款不需要制动踏板或转向盘的全自动驾驶汽车时，汽车工业发展的新阶段开始了。从那时起，制造商中没有人怀疑无人驾驶将是汽车行业的未来。与以往相同，随着突破点的临近，制造商或供应商面临的问题是如何预测发生的时间和方式。

可以肯定的是，自动驾驶将在逐步演化之中实现。在阐述从人工控制到自动控制的各个阶段时，通常使用汽车工程师协会（Society of Automotive Engineers，SAE）的标准分类。在前三个阶段，车辆由驾驶人控制，在 2 级自主系统的协助下，对陆地距离系统进行干预（表 18 – 1）。应该指出的是，辅助系统（1 级和 2 级）是一种强大的营销工具。驾驶人认为它是提高驾驶安全性的要素，并愿意为此付费。从 3 级到 5 级，技术演变的范围从高度自动化到完全自动化。"自主驾驶""自动驾驶""无人驾驶"等术语常被互换使用，造成混乱。Simoudis（2017）阐明了这些表达的含义，总结如下。

所有领先制造商都在尝试自动驾驶。它们的方法各不相同，能实现完全自动驾驶的范围也不同。例如，福特在 2016 年宣布了五年之内生产完全自动驾驶汽车的计划，而通用汽车则选择了渐进式的方式生产自动驾驶汽车。通用汽车以名为 Super Cruise 的半自动系统开始，该系统仅代替了驾驶人主要的常规驾驶操作。

㊀ 谁在推动车车连接性的进程？负责丰田汽车公司的新出行和车车连接产品的副总裁 Agustin Martin 被问及如下两个问题：①谁在推动车车连接性的进程？主要是来自消费者还是制造商？答复是：消费者。他们对无缝衔接式的生活有明确的愿望。我们必须对此做出回应，技术则是促成因素。②车车连接性的最大挑战是什么，您将如何解决？回复：调整 100 年来的规划过程，尊重当今消费者"我现在就想要"的心态。我们将开展前所未有的公司内部和行业界内的广泛合作来实现这一目标，满足相同消费者的要求。消费者想要的这种无缝式生活需要许多运营商和各行业之间互相合作，这将是历史上最激动人心的时刻之一。摘自 *Global Monthly*，2018 年 9 月。

通用汽车的技术人员预测可能需要大约十年才能完善自动驾驶技术。表 18-2 总结了一些重要的案例。

从中长期来看，技术困难、立法干预和延缓向 5 级发展的法律问题，都可以出现。

1）为了将提高自动驾驶级别（表 18-1）的车辆推向市场，以下四个领域需要做出技术创新：硬件技术、软件技术、宽带连接和地图测绘。无人驾驶车辆需要非常详尽的 3D 测绘（精确到厘米）来感知环境。这样的测绘生成了大量数据，每天多达一太字节（1TB）。迄今为止，地图公司之间尚未对地图标准或数据共享达成任何协议。为实现 5 级自动驾驶，几项新技术创新和在各种环境条件下进行大量测试是非常必要的，以此才能说服政府主管部门和消费者，让他们相信自动驾驶汽车的可靠性。

2）立法干预。2020 年前夕，只有少数几家公司获得授权进行无人驾驶汽车的测试。

3）法律问题。车祸事故发生时，由谁负责？是车辆驾驶人还是生产厂家？据估计，在全球范围内，约有 100 万人死于道路交通事故。无人驾驶汽车的制造商和其他倡导者已经用这个事实来说明巨额项目投资的必要性。即使是机器人，驾驶时也会发生故障，没有人会忽略这一风险。这一点很快就被确认了。2018 年 3 月，在亚利桑那州 Tempe 市的道路上，一辆有驾驶人的优步车，在自动系统的操控下，撞上了一名正在穿越道路的行人，导致其死亡。优步因此暂停了试车试验。

表 18-1 自动驾驶级别

级别	功　能
0 级	零自动驾驶（no automation）。驾驶人每时每刻都对车辆的各个方面进行控制
1 级	车辆具有驾驶人辅助功能，可用于转向、制动，并使用驾驶环境相关的数据进行加速。驾驶人还需要负责监控驾驶环境，并控制车辆的大多数功能
2 级	除制动和加速以外，驱动系统还负责车道对中。这意味着驾驶人可以将手从转向盘上移开，脚可以离开踏板
3 级	车辆的所有安全功能均由系统接管。车辆可被定性为自主驾驶（self-driving）。但是，驾驶人应该能在必要时进行干预，并接管驾驶

(续)

级别	功能
4级	此级别的车辆是高度自动驾驶（autonomous）。系统可以接管车辆的各项功能、监控整个行程的道路状况和整体环境状况，即使驾驶人对干预和接管的请求不做出任何回应
5级	5级是指完全自动驾驶（complete automation）。车辆的各个方面均由驾驶系统（软件、硬件、数据）控制，即所谓的无人驾驶车辆（driverless vehicle），如试验性的"Google Car"

注：改编自 Simoudis（2017）的文献（第30、31页）。

自动驾驶汽车技术道路示例见表 18-2。

表 18-2　自动驾驶汽车技术道路示例

级别	功能
0级	福特T型车（1908年），零自动驾驶
1级	Jaguar XK（1996年），配备自适应巡航控制系统。系统控制使汽车加速和减速，以保持与前车间的预设距离
2级	梅赛德斯-奔驰S级（2013年），配备主动车道保持辅助系统。如果车辆错误地越过车道边缘，系统对制动进行控制，以纠正错误
3级	通用汽车 Cadillac CT6（2017年），配备超级巡航系统。系统控制车辆在高速公路上的行驶，但可以将控制权交还给驾驶人
4级	福特 Fusion（将于21世纪20年代投放市场），配备自动驾驶系统。系统应能够不需要任何驾驶人的介入，全程处理各种情况
5级	谷歌自动驾驶汽车（可能在2020年后投放市场）。为全自动驾驶设计，在所有情况下驾驶人都无须控制转向盘或踏板

在 *The Driver in the Driverless Car* 一书中，Wadhwa 和 Salkever（2017）探讨了"无人驾驶汽车将给我们的生活带来的深刻改善"。两位作者认为，无人驾驶汽车的逐步普及将减少交通事故，挽救数百万人的生命，并减少1/3的城市车流量。道路上行驶的大多数车辆也在寻找停车位，而用于汽车共享（这将同时广泛

分布）的自动驾驶汽车则不需要停放，它们处于不断接送客户的移动中。在交通高峰期，这些车辆的使用时间占比高达 90%。路上行驶的车辆数量将减少，自动驾驶汽车终将取代私家车。

由于没有转向盘或其他人工控制系统，自动驾驶车辆的重量会更轻，从而消耗更少的能源。更重要的优势在于，采用这些车辆，共享汽车的成本将只占拥有一辆汽车的成本的很小比例。拥有一辆用于日常个人交通的汽车将是不值得的。这种预测正推动汽车制造商进入出行服务领域。

从社会的角度来看，自动驾驶汽车也将带来好处。残疾人将不再为寻找交通工具而费时费力，即使在深夜，女性也能更安全地找到代步的汽车。

人们普遍认为，尽管存在各种困难，自动驾驶在新车业务中所占的份额注定会持续增长。Winkelhake 报告了 IAO 研究的结论（Winkelhake, 2017）。根据该结论，许多汽车制造商和供应商预测，到 2030 年，全自动汽车将广泛使用。该预测基于大量已公布的项目、投资规模及制造商和供应商的意向声明。优步、百度、阿里巴巴和特斯拉等其他公司也很有可能加入。Winkelhake 还预测，服务和自动驾驶的融合可能会带来新的商业模式。其提供的服务可通过互联网平台轻松得到。如果消除立法障碍和技术壁垒，到 2030 年，一般场景下的自动驾驶汽车将占市场份额的 15%，保守估计的份额约为 4%，在"高颠覆性"的情况下会达到 50%。

像谷歌一样，Waymo 也隶属 Alphabet 集团。它将在无人驾驶汽车推向市场的竞争中处于优势地位⊖。在 2018 年 10 月，它成为第一家无人驾驶汽车制造商，其产品获准在加利福尼亚州上路行驶，车内没有驾驶人随时准备介入车辆的

⊖ Waymo 引领着传统汽车制造商。"在争创世界上第一个无人驾驶汽车业务的竞赛中，每个厂家都在追赶 Alphabet 的 Waymo。谷歌的这一兄弟公司领先于通用汽车、奔驰和奥迪等传统汽车制造商，至少要早一年推出面向大众的无人驾驶汽车。它在 2018 年 1 月达成了一项交易，购买了数千辆克莱斯勒的 Pacifica 小型货车。该车配备了可以在任何方向都能看到一定距离物体的传感器。这使 Waymo 的领导地位更加明确。"资料来源："In self-driving car race, Waymo leads traditional automakers"，*Automotive News*，2018 年 5 月 8 日。

控制。㊀

汽车行业出现了两类反应：①制造商之间或在它们与投资者之间的伙伴关系；②独自策略。目前，在德国、日本和美国，合作伙伴关系十分普遍。丰田与软银（SoftBank）建立合作伙伴关系，为自动驾驶汽车提供一系列服务。本田已向通用汽车的 Cruise 投资了 27 亿美元㊁。Waymo 这一早期的领导者与菲亚特克莱斯勒合作。另一家科技公司 Aurora 正与大众汽车、现代汽车和中国电气集团拜腾联手。其他汽车制造商则选择开发自己的技术。丰田、雷诺－日产、戴姆勒和特斯拉全都在内部自主研发。

不利因素。就在汽车制造商、科技公司和供应商在自动驾驶技术上投入了大量资金的同时，J. D. Power 在 2017 年进行了一项题为"越来越多的消费者对自动驾驶技术持怀疑态度"的市场研究。研究结果表明，消费者对自动驾驶技术有"极大的担忧"，尽管这些汽车公司对这项技术可以提供的产品优势很有信心。与上一年的调研相比，J. D. Power 发现每个年龄段（1994 年至 1997 年出生的人除外）"对自动驾驶技术的信心在减小。他们越来越想要半自动驾驶安全技术"。

㊀ Waymo 是第一辆无需驾驶人作为后备控制人员的车辆。"Alphabet 公司的 Waymo 于 2018 年 10 月成为第一家获得加利福尼亚州测试许可证的真正的无人驾驶汽车。它无须驾驶人在车辆前座作为后备控制人员。尽管自动驾驶汽车的设计目的是消除对驾驶人的需求，迄今为止，大多数测试都是在转向盘后有安全驾驶人的情况下进行的。在紧急情况下，驾驶人可以接管车辆的操控。新规定从 2018 年 4 月生效，允许公司在获得特别许可证的情况下，在公共道路上对无驾驶人的车辆进行测试。这一新规定对远程控制技术有所要求，即远程操作员能在自动驾驶系统遇到问题时接管车辆控制。"资料来源："Waymo gets first California ok for driverless testing without backup driver", *Automotive News*，2018 年 10 月 30 日。

㊁ 本田汽车公司用了大约两年的时间说服 Google 的 Waymo 分享它的自动驾驶汽车技术。但是，在 2018 年 10 月，它突然采取了另一条路线，向通用汽车公司的自动驾驶部门投资了 27.5 亿美元，震惊了整个行业。通用汽车的 Cruise 部门和 Waymo 在激烈的竞争中不相上下。现在，双方都在争夺领导权，与两大品牌伙伴合作激起了很大反响。在锁定本田投资的几个月前，通用汽车获得了 SoftBank Vision 基金的支持，而 Waymo 则与 Tata 汽车旗下的 Jaguar 合作。资料来源："GM cuts in front of Waymo to seal self-driving deal with Honda", *Automotive News*，2018 年 10 月 4 日。

美国经销商对消费者接受无人驾驶汽车持有强烈的怀疑态度。它们一致认为,"汽车零售业即将发生巨大的变化",它们必须准备好面对这些问题。"但是它们不会颠覆整个行业,也不会扼杀个人拥有车辆的模式"。它们认为 4 级和 5 级自动驾驶技术太复杂、太昂贵,无法激发购买欲望[⊖]。

5. 电动汽车:它们是否会带来自 iPhone 以来最大的产业颠覆

伴随交通密度不断增加,二氧化碳排放量、颗粒物、噪声也随之上升。Margo Oge M 在 *Driving the future:Combating climate change with cleaner, smarter cars* 中写道,"在过去的 30 年中,与气候变化相关的危害变得越来越清晰、越紧急"。Oge 继续写道,半个世纪以来,未来技术的前景一直是在杂志和电视节目中反复出现,但在经销商的陈列室中,我们只在新车型中见到一些微小的技术改进。"时至今日,那些承诺终于得以实现"。在数字化转型的推动下,汽车行业实际上已经加速了它的响应——提供了出行服务、轻质材料、低排量且重量更轻的发动机。但最重要的还是电动汽车辆。

在汽车历史的早期,公路上的汽车大多数都是以电力驱动的。20 世纪初,美国有 27 家制造商提供电动汽车。女性客户引领了需求潮流。电动汽车吸引女性消费者,因为它简单、干净、可能损坏的移动部件较少。一则广告曾宣称:"精致的女人可以住在她的汽车里,永不疲倦"。然而,内燃机汽车很快占据了市场的主导地位。造成这种情况的原因有两个(如今,同样两点原因正促进对电动汽车的需求):更高的续驶里程和快速发展的加油站基础设施。到 1916 年,市

⊖ AutoNation 首席执行官 Mike Jackson 在 *Automotive News* 组织的一次会议上说:"我不担心(技术上的)颠覆"。他说"过渡到不需要驾驶人监控的自动驾驶汽车"(即第 4 级和第 5 级自动驾驶)极其复杂且昂贵"。"进一步迈到第 4 级自动驾驶,区别有如载人去火星和月球的区别。我们已经载人上了月球,但我们还没有把任何人送上火星。"他说:4 级系统的成本可能会在 10 万至 20 万美元之间。"没有任何消费者愿意为此支付这么一大笔资金来买个人使用的 4 级或 5 级系统。"资料来源:"Keeping disruption in perspective",*Automotive News*,2018 年 10 月 5 日。

场经济和迫在眉睫的战争几乎使所有美国电动汽车公司停产。

Fialka 提请人们注意,不注重以电动汽车作为保护自然环境的工具会给人类带来一系列风险(2015)。"我们忽略新技术进步和有关气候变化的科学警告,并继续保持我们的旧习惯,踌躇不前"。他的警告基于加州大学的一项研究。该研究探讨了其他快速增长的经济体(如中国和印度)紧随美国发展轨迹时可能产生的灾难性后果。

> 特斯拉案例。2016 年 3 月,汽车行业的许多汽车制造商都在扪心自问:汽车行业仍然能像苹果那样,推出的新产品能引发巨大的创新吗?特斯拉新车型 Model 3 问世对此做出了回应,也回应了怀疑电动汽车未来的人。新车型 Model 3 定价 35000 美元,很多人都可以买得起。一次充电可行驶 215mile,消除了人们对电动汽车半自动性的担忧。几星期内,特斯拉收到了来自世界各地的 40 万笔订单,每笔提前预付 1000 美元。当时大多数分析师仍对未来持谨慎态度(从财务和行业角度来看),但他们已意识到马斯克和特斯拉为汽车行业带来的巨大创新(Sumantran 等,2017)。

(1) 这是真正的创新吗

Wells 和 Nieuvenhuis(2015)比较了特斯拉和以前其他制造商的创新。梅赛德斯 Smart 和大宇(Daewoo)团队预计特斯拉将以固定价格或"不讨价还价"的方式零售。Smart 团队代表了梅赛德斯的高风险策略。它同时推出了面向新细分市场的产品,具有创新布局的新工厂及流程运营、新品牌、新供应链、新分销和销售,并注重"绿色环保消费者"。梅赛德斯在 Smart 上没有任何获利,多年不达营业目标,亏损不断累积。Smart 车型已经成为欧洲汽车行业历史上损失最大的车型之一(参见 Pellicelli,2014)。另一位创新者大宇也面临累计亏损,但原因主要是产品缺乏竞争力。大宇随后被通用汽车收购。

表 18-3 总结了特斯拉的主要创新,并与现有创新进行了比较。

表 18-3 特斯拉创新与现有创新的比较

特斯拉创新	现有创新
零售店所有权	长期建立起来的在欧洲的普遍做法；被大宇采用，作为 20 世纪 90 年代进入英国的市场策略
创建"精品"零售或体验大型购物中心，以及其他混合零售店地点	在市场营销的早期阶段已被 Smart 尝试。类似的例子包括丰田 Amlux 的东京店和大众的 Volfsburg "Autostadt" 品牌体验设施
固定价格，"不讨价还价"的零售方式	被大宇用于 20 世纪 90 年代在英国的市场进入战略
通过自己拥有的快速充电器基础设施免费提供无限充电（30min 充电）	没有类似的例子。但是，很多实际营销方案给新车提供 12 个月的免费汽油供应
按订单生产的汽车，而不是"大量出售"的汽车	在欧洲非常普遍，尤其是高档车和跑车，占总产量的一定比例。摩根即是很好的例子
通过零售店或互联网订购新车	互联网零售业已很成熟，但由于法律限制，订单仍需通过经销商
同时引入新品牌、新型号和新生产设备	一个更雄心勃勃的版本是在 Hambach 工厂发起的 Smart 车型

注：资料来自 Beeton 和 Meyer（2015）的文献（第 7 页）。

(2) 一个对比

在比较电动汽车和内燃机汽车时，必须考虑整个生命周期、生产方法、服务环节（尤其是维护工作）和最终的报废。支持电动汽车推广的决定性因素是能量回收。电动汽车具有下面一系列明显的优点。①能源效率高。电动汽车的效率为 95%，内燃机约为 35%。②装配更加简单。在电动汽车中没有变速器、燃油系统或废气排放系统。③"发动机制动"效应。配备内燃机的汽车，能量在制动阶段完全损失；在电动汽车中，能量会被回收并积累（送回电池）。④供电平稳，运行安静。⑤降低成本。主要是由于用电成本较低（但没有完全补偿最初较高的购买成本）。⑥维护量少。拆卸通用雪佛兰 Bolt 之后，瑞银集团（UBS）得出结论：电动汽车几乎不需要维护。与四缸内燃机的 133 个运动部件相比，电机只有 3 个运动部件。

电动汽车不是传统汽车的演变。"电动汽车必须有它的设计方式，为电气而生。这将从根本上改变当今用于普通内燃机汽车或混合动力汽车的顶端设计"。

（3）已计划的大量投资

根据咨询公司 AlixPartners Globally 的观点，到 2022 年，汽车制造商和供应商将向电动汽车投资约 2550 亿美元，而在此前 8 年的总投入仅为 250 亿美元。如今，电动汽车在欧洲汽车中所占的份额还非常小。据 AlixPartners 称，在 2017 年，欧洲的道路上总共有 826000 辆电池驱动和插电式混合动力汽车。这相当于欧洲 2.597 亿辆汽车的 0.32%。

多种因素导致了电动汽车发展速度减缓（Coffman 等，2017）。与同等的传统汽车相比，电动汽车的初始购买价格较高，电池成本占汽车价格的很大一部分。它们对天气和其他驾驶条件更敏感，折旧率不确定，对动力总成寿命的期望值较低。公共充电基础设施很少，尤其是在大城市之外，人们对充电的范围和时间也有疑虑（Beeton 和 Meyer，2015）。如今电池的"能量密度"比柴油和汽油要低得多，这影响电池的重量和尺寸，因此自动驾驶时间相对较短。由于技术的进步，在中短期内，电池和动力总成寿命的缺点会进一步减小。

何时能实现还很难预测。行业进步的速度之快导致一些最新的电池技术在进入市场之前就已过时了。解决外部充电网的问题主要取决于公共投资（Harrison 和 Thiel，2017）。包括特斯拉和大众在内的一些制造商，正通过自己的充电网络直接进行干预。预计其他方面也会出现公共投资干预。为了鼓励研究以提高电池效率，欧盟允许国家为电池研究提供援助，并将提供数十亿欧元的共同资金，帮助愿意建立巨型电池工厂的公司。

就数量和增长率而言，中国目前是电动汽车的主要市场。这是国家补贴和庞大的充电设施网络建设的结果。中国的道路上行驶着几乎占全球 40% 的电动汽车，多达 90 多个车型○。

尽管存在不确定性，但仍有许多旨在推出新的电动汽车的项目。到 2020 年，将有 60 种纯电动和插电式混合动力车型进入市场，包括已进入市场的特斯拉、日产聆风和雪佛兰 Bolt○。

一些汽车制造商在产品组合中引入了电动汽车模型，以减少其车型整体的平均二氧化碳排放量。例如，宾利推出了首款纯电动汽车，以减少其车型二氧化碳排放量。全世界的立法机构都提出了更严格的减排目标。宾利是集团车队的碳足迹最高的品牌之一，因为它依赖重型轿车和大型 Bentayga SUV。

（4）一个不存在的市场

在 2020 年前，真正的电动汽车市场（就规模而言）并不存在。过去，人们曾尝试引入电动汽车，但在数量上没有任何重大成功。除了前面提到的利弊比较之外，未能达到能触发规模经济的销量一直是它的主要障碍。若市场不存在，则市场分析也无法进行。市场研究无法给出任何有益的指示。潜在客户只有知道并曾经使用过产品，才能说出他们的购买意图和预期指标，即使配置与开拓者的建议不完全相同的情况下。

正如 Beeton 和 Meyer（2015）所观察到的那样，电池似乎是问题的源头。大批量的电池生产会降低成本，使电动汽车和当前的混合动力汽车有可能与内燃机汽车竞争。然而，为了大批量销售电动汽车，首先必须降低电池成本。而且，为

○ "促进汽车电动化的公式并不复杂：将高额的购买补贴和庞大的充电网络相结合，销量几乎会立即飞涨。中国这样做，不仅可以净化世界上一些污染严重的城市的空气，而且还可以加速原本在内燃机技术方面落后于西方竞争对手的汽车产业的发展。结果是什么呢？基于周转专家 AlixPartners 的数据，全球 320 万辆全电动汽车中，40% 都在中国，消费者可以从 92 种车型中进行选择。中国有超过 24.1 万个充电站可供使用，占全球 42.4 万个充电站的半数以上。"资料来源："Why China is by far the world's largest market for full-electric cars"，*Automotive News*，2018 年 8 月 5 日。

○ "……虽然仅占美国轻型车销售的一小部分，但大量竞争即将到来。到 2020 年底，将有 60 多种纯电动和插电式混合动力车型到达经销商市场。"资料来源："Nearly 100 electrified models slated to arrive through 2020"，*Automotive News*，2018 年 10 月 5 日。

了消除担心电动汽车不可靠的人们的疑虑，电动汽车需要得到更广泛的应用。电动汽车之间的竞争（目前的 FIA Formula E）模仿了一个世纪前宣扬内燃机汽车所做的一切。也许一场世界锦标赛会将电动汽车推向转折点。国家干预比如对购买者和建设充电网络（如上所述）进行补贴，会更有效果。

（5）等待策略

与其投资不产生利润的车型，一些老牌公司更倾向于将它们中的大部分资源投入到 2030 年开始生产的新车型。这些公司预计那时的电池成本将大大低于目前的水平，并且电池续驶时间会更长。因此，不断增长的电动汽车需求将有可能实现规模经济。

专家认为，这种选择的目的是在短期内放弃与特斯拉的竞争，而为真正的占领市场的竞争做好准备。他们坚信竞争的场所将是工厂，而不是汽车展厅。依靠自己在批量生产方面的经验，他们预测电动汽车的需求将在很长时期内仅占全球汽车总需求的一小部分。

华尔街投资者持相反意见。他们预计其他竞争者会因壁垒的削弱而进入汽车行业。由此，现有企业的市值已跌至历史最低点。尽管其生产和管理还存在问题，而特斯拉却保持了比通用汽车更高的市值。

与以往管理不确定性的做法相同，企业联盟总能找到降低风险的方法。目前许多汽车制造商正在结成战略联盟，联合开发电动汽车（和它们在为自动驾驶所做的相同），目的是为企业节省数十亿美元的开支。例如，沃尔沃和中国互联网巨头百度合作，将共同开发能够进行 4 级自动驾驶的电动汽车。这是沃尔沃转向成为 Robotaxi 市场的领先者之后的又一举措。沃尔沃汽车已收购了旧金山一家名为 FreeWire Technologies 的汽车充电公司的股份，作为其电气化计划的一部分。

有些制造商正在研究这样一种可能性：对于某些品牌，完全放弃内燃机汽车，改成电动汽车。2018 年英国豪华品牌捷豹宣布，公司领导人正在考虑一项战略：在未来五到七年内用纯电动车型替换其传统车辆。

（6）反面的声音

Automotive News 主编 Keith Crain 提出了疑问，全球正在投资数十亿美元的制

造商是否问过其客户或潜在客户有无感兴趣购买纯电动汽车？行业中不乏开发电动汽车的公司。"似乎每个人都在致力于这方面，没人确定是否会有市场。"面对不确定性，Crain 赞赏通用汽车的保守策略。它采用了貌似正确的方法，将插电式汽车和混合动力汽车都引入市场，而不是在需求数量不确定的前提下设计和开发昂贵的车辆。

其他业内专家和汽车制造商经理也持谨慎态度，甚至表示怀疑。他们担心驾驶人尚未为这项新技术做好准备。同时，在预测需求的时间和强度有很大变量的情况下，汽车制造商仍在计划推出一大批以电池供电的车型。谈到电动汽车时，福特产品开发和采购主管说："没有人能说出实际需求是什么"。

业内的另一位专家提出了更尖锐的观点："汽车制造商制定雄心勃勃的计划，未来五年内在全球范围内推出一百多种以电池供电的新车型，但似乎都忘记了一件小事：驾驶人尚未对这一新技术激动不已"。

但是，主要投资者完全知道未来的道路将会很长，而且不确定。大众汽车公司正在为陡峭的学习曲线做准备，以便向自动驾驶、电动和网联汽车转型。大众汽车电动汽车高级副总裁 Burkhard Huhnke 表示该公司预计将用数年的时间来完善电动化和网联化产品技术，实现"几乎完美"。

此外，我们也不应忘记，电动汽车需要彻底重塑。它没有转向柱、制动踏板、加速踏板或紧急制动器踏板。它没有变速面板。为了实现最大效率，它需要设计成"为数字而生"。它不可能是传统汽车或当前混合动力汽车的演变车型。对于成熟的制造商来说，也存在生产场地的问题：应该什么时候建造？从长远来看，随着接受度增高，电动汽车应该更充分地展现自己，有更好的驾驶舒适性和更具吸引力的价格。然而低需求仍将持续数年。梅赛德斯-奔驰采取了暂时的解决措施，即生产与内燃机车型相同的电动汽车。其汽车生产及德国集团的供应链经理宣称，这样能"使我们灵活应对需求，在利用工厂的生产能力上达到最佳效果"。

（7）可行的解释

对电动汽车需求不能准确预测的情况下，为什么几乎所有制造商都在大量投资呢？Crain 及其他评论员和专家的疑虑，在策略测试中可以找到答案。有时，当几个竞争对手都面临不确定的投资结果，并且都在考虑是否要竞争时，更好的办法是让他们都冒险、都输掉，而不是不参加比赛。这样来看一个或几个能成功，或者能获得难以超越的优势。

20世纪70年代，在北海某些地方的钻探工作表明那里有石油。与北海接壤的每个国家都分配到了一片区域进行勘探。当英国出售其钻探和开采权时，石油公司在一定时间内没有任何回应。沉积物的特性和油层在海底分布均不确定。每个人都担心找不到石油或找不到足够的石油，无法证明投资的合理性。一段时间后，英国石油公司收购了一部分的开采权，然后是法国Total，再然后是所有主要公司。原因很简单：如果我们不投资，如果那里有足够的石油来使投资获利，成功的竞争对手将获得很高的回报，从而占据欧洲石油供应运输成本的有利位置（相比从中东或委内瑞拉进口石油）。如果没有石油，或者没有足够盈利的产量，我们大家都亏损，最初的竞争地位也保持不变（Pellicelli，2014）。对于命题"如果收入仅是制造、销售和维修汽车的一小部分，标致雪铁龙集团（PSA集团）如何证明其对出行性投资的正确性？"PSA集团新建立的移动部门负责人回答说："这是一个战略选择。如果自动驾驶汽车出现，我们需要进入出行移动市场，以避免失去我们与客户的关系。我们期望为客户提供需要的解决方案。"㊀

参考文献

Beeton D, Meyer G (eds) (2015) Electric vehicle business model. Global perspective. Springer.

Coffman M, Bernstein P, Wee S (2017) Electric vehicles revisited: a review of factors that affect adoption. Transport Reviews 37 (1): 79-93.

Fialka J (2015) Car wars: The rise, the fall, and the resurgence of the electric car. Thomas Dunne Books, US.

Firnkorn J, Müller M (2012) Selling mobility instead of cars: new business strategies of automakers and the impact on private vehicle holding. Bus Strategy Environ 21 (4): 264-280.

㊀ "PSA exec outlines risks and rewards from leap into mobility services", Tiny titans, *Automotive News Europe*, 2017年9月。

Foster R, Kaplan S (2011) Creative destruction. Crown Business.

Harrison G, Thiel C (2017) An exploratory policy analysis of electric vehicle sales competition and sensitivity to infrastructure in Europe. Technol Forecast Soc Chang 114: 165–178.

Jansson J, Andervin M (2018) Leading digital transformation. DigJourney Publishing.

Jullien B, Pardi T (2013) Structuring newautomotive industries, restructuring old automotive industries and the new geopolitics of the global automotive sector. Int J Automot Technol Manage 13 (2): 96–113.

Moore G (1965) Moore's law. Electronics Magazine 38 (8): 114–117.

Oge M (2015) Driving the future: Combating climate change with cleaner, smarter cars. Arcade Publishing.

Pellicelli G (2014) Strategie d'impresa. Egea, Milan.

Ryan D (2015) Understanding digital marketing: Marketing strategies for engaging the digital generation. Kogan Page.

Simoudis E (2017) The big data opportunity in our driverless future. Corporate Innovators.

Sumantran W, Fine C, Gonsalvez D (2017) Faster, smarter, greener: The future of the car and urban mobility. The MIT Press.

Venkatraman V (2017) The digital matrix: New rules for business transformation through technology. ifeThree Media.

Wadhwa V, Salkever A (2017) The driver in the driverless car. Berrett-Koehler Publisher.

Wells P, Nieuwenhuis P (2015) EV models in a wider context: balancing change and continuity in the automotive industry. In: Beeton D, Meyer G (eds) Electric vehicle business model. Global perspective. Springer.

Winkelhake U (2017) The digital transformation of the automotive industry. Springer.

第 19 章 迈向21世纪30年代：非凡的时代召唤非凡的策略

> **本章摘要**

在数字化转型时期，定义营销策略必须分析三个主要问题。第一个是消费者的欲望，其不断增长甚至到"不合理期望"的程度。如果消费者想要定制汽车的报价，他们期望很快能得到响应，甚至对最个性化的特定要求也是如此。车载仪器已经得到改进：语音激活功能、人工智能和增强现实功能。在设计阶段，面临的问题在于哪种技术才能真正为客户带来价值。第二个要分析的问题是竞争环境。数字革命从多方面重新定义了公司之间的竞争和关系，减少了单个行业内竞争，增加了行业间竞争（如谷歌、苹果、亚马逊、优步、来福车、滴滴）。此外，有些公司在某些领域是相互竞争关系，在其他领域则是合作伙伴关系（竞合）。第三个问题涉及理解数字营销如何适应公司的业务模式，以及在过程中哪些需要更改、如何改进。大数据必须得到管理；竞争优势的属性可能发生改变；新的价值主张必须被提出；对新的组织结构和文化的需求在增加。在数字化转型的压力下，成熟汽车制造商必须对其市场营销策略进行广泛的调整。它们必须捍卫"旧的"业务细分市场，并开辟新的细分市场。那么，关键问题是销售出行服务与销售车辆有何不同？"一台新机器将如何再次改变世界"？

定义新的市场营销策略。在数字营销的出版物中，Ryan（2015）、Dodson（2016）和Chaffey与Chadwick（2016）一致认为在数字化转型中，三个阶段的定义是营销策略的关键。这三个阶段的定义没有适用于所有情况的通用公式，每个公司都要考虑自己的情况，找到独特的解决方案。这三个阶段分别如下：

1）了解您的潜在客户。他们是谁？他们期望什么？我们的新议案中，市场引导是针对已离去的"旧"客户，还是针对人群重新细分后的新客户？我们如何联系他们？他们是谁？想从我们这里得到什么？借助数字技术，我们还在联系的是以往的客户，还是联系人群重新细分后的部分人群？我们的目标人群是如何使用数字技术的？与传统的沟通渠道不同，查看人们在网上的活动，能使公司对客户有很多了解。了解您的客户。

2）了解您的竞争对手。他们是谁？他们与没有网络的时期还一样吗？我们如何将我们的在线报价与他们的区别开来？记住一点很重要：新的竞争对手常常以意想不到的方式和意想不到的时刻出现。数字时代为我们提供了接触遥远市场的机会。它也帮助遥远地方的新竞争对手，让他们到达我们的市场。了解竞争的本质。

3）了解您的业务。如何将数字营销结合到我们自己的商业模型？我们的流程将如何及发生哪些变化？我们的产品适合在线促销吗？了解自己的业务。

更重要的是，任何长期计划的规则都需考虑。首先，我们要往何处发展？我们想从基于数字技术的营销计划中获得什么结果？增加在线销售？提高我们的品牌认知度？其次，同样重要的是，有必要利用数字技术的特性不断将获得的结果与预期进行比较（对于广告投资的结果尤其如此）。

让我们对三个阶段的重要细节进行探讨。

1. 了解客户：消费者背景正在改变

如前面章节所述，机械时代和电子软件时代的第一阶段的主导模式是生产规模产生了经济效率（产量越高，每件产品的单位成本越低）和分销的经济目标（客户数量越多，每个单元的生成分销成本越低）。

在迈进21世纪20年代的时刻，大众市场为各个细分市场和分散的利基市场提供了增长空间。许多细分市场和利基市场被客户网络所取代。参与者之间交换信息和评估，以互惠的方式相互影响对方的选择。

消费者与为他们提供产品或服务的公司之间的关系也在发生改变。由于技术的进步,传统的告知、劝说、说服购买的"单向"交流方式 AIDA(意识、兴趣、欲望、动作)和"买或不买",已为"双向"的交流方式所代替。在双向交流中,公司仍然是主要参与者,但消费者已获得更大的权力,有时甚至成为主要影响者(对于汽车产品而言,鉴于产品的复杂性和特殊性,其影响仍然处于中等水平)。

技术正在改变消费者的行为。买方可以更好地了解情况,彼此之间进行更多的交流、互动、创建虚拟社区,并拥有比过去更多的信息访问权。数字技术使消费者之间的联系更快速,克服了地理或政治的限制。借助新技术,消费者可以进行调研,对产品与服务进行比较。技术将信息的掌控部分地从生产者手中夺走,转移给消费者。为了要购买的产品,消费者更多地参与到它们的生产中。他们更清楚可以提什么样的要求,并更好地向生产商加以说明("生产性消费者"的上升)。大规模生产和大规模营销已部分结束。

在客户网络变得重要的前提下,公司必须了解客户与潜在客户之间的互动,了解一些观点的形成过程和他们的反应,以及对品牌声誉有何影响。传统的营销工具,从印刷品、电视到直销,可以保留其告知和说服的能力。它们的作用需要重新考虑,因为它们的成本效益可能降低甚至消失。当买家属于新一代时尤其如此。

(1)随需、随时、随地

技术加快了产品的购买过程,也可以为产品赢得时间。消费者比以前更快、更轻松地满足他们的期望。在数字经济中,地理距离和时间不再成为障碍和壁垒。其结果是新一代消费者的期望大大增加了,有时被称为"不合理的期望"。这些已习惯于自动响应的消费者期望不管是谁提供产品或服务,都要以相同的反应速度和时间来满足。如果想要一辆定制汽车的报价,即使是最个性化、最有特定要求的产品,他们也希望能够得到快速的响应。

为了应对日益增长的期望,并同时创造产品的差异性,汽车制造商在竞争的驱使下,对其提供的产品和服务进行了调整,并为每个产品增添了各种服务。但是,对客户做出回应的挑战越来越大,尤其是在创新浪潮介入的今天。车载仪器已经得到改进:语音激活功能、人工智能和增强现实功能。在设计阶段,面临的问题是哪种技术带来的优势（客户价值）能确实被客户理解。Rogers2016 年总结了从模拟时代到数字时代的主要变化，由以下方式实现：①从作为大众市场的客户变为市场网络中的一员；②从单向沟通转为双向沟通；③从公司作为主要说服者到成为客户网络中的关键影响者；④从营销作为说服的工具到营销作为激发购买和建立品牌忠诚度的工具。

（2）汽车市场的大规模动荡

如 Winkelhake 所述，汽车行业是用数字化转型来创造新环境的极好范例。迈向 21 世纪 30 年代，有两个趋势正导致汽车市场产生深远的变化：①新技术撼动了现有环境，新的竞争对手要进入市场；②消费者行为在交通需求中快速发展。下面，我们探讨第二个趋势带来的效果，并将关于第一个趋势放在后面关于竞争的环境背景中讨论。

表 19-1 列出了各种趋势如何改变高级市场的汽车行业，即汽车市场的消费趋势（Winkelhake，2017）。

1）多重图形。与过去不同，如今人们采用的生活方式更短促，更多样化。对于制造商而言，这样的变化需要清晰的、更精确的细分及个性化的出行服务，如奥迪的"Select"和"Shared Fleet"⊖。

2）找回童真。"不再年轻"的人们发现他们的身体状况要比前几代同龄人好很多，他们在总人口中的比例随之增加。如果有经济能力，他们愿意花钱买一辆容易进入的汽车，有合适的转向盘和座椅，以及电子驾驶辅助系统。

3）新城市。一方面，这种趋势反映了城市化的加剧（越来越多的人居住在大城市）。另一方面，这些城市的管理者致力于"更环保"的承诺，并引导走向"零排放"。交通管制的例子有很多，伦敦是这方面的先驱。San Paolo 允许汽车隔日行驶（通过汽车的车牌号识别）。在高峰时段，新加坡只允许有 3 人以上乘

⊖ "Select"：客户并不获得特定车辆的所有权，而是使用权，从一辆到另一辆，最多三种新制造的二手汽车（敞篷车为夏季使用，宽敞汽车为满足特定需要，以及适合长途旅行的轿车）。"Shared Fleet"服务于为员工配备车队的公司。通过预订门户，员工可以使用公司的汽车在工作时间以外进行私人旅行。车辆使用率因此增加，并且公司为员工提供了一个出行替代选择。

客的汽车上路。显然,每一种交通流量限制都对汽车行业的销量有负面影响,它迫使人们选择其他交通方式。

其他趋势也出现了:新奢侈品。这个趋势涉及人们的行为,他们越来越倾向于非物质的价值,如质量生活,而不将汽车视为地位的象征。这种简单化揭示了更多的人只期望汽车具有必要的技术。便宜别致。这是一种以合理的价格获得优质和高级感的趋势。

表 19 – 1 汽车市场的消费趋势

消费趋势	对出行(车辆)的影响
多重图形	更多分散型生活:设计需求变得更加视情景而定。"为人生阶段设计的产品"正变得比目标群体策略(年龄、社会地位等)更加重要
找回童真	消费者感觉比他们的生理年龄年轻。他们拒绝"贫民窟产品",而是用"第二次觉醒"来体验产品
家庭 2.0	网络、拼凑和分散化的家庭拥有更高水平和更大差异化的出行需求。这只能由家庭 SUV 或旅行车来满足
新城市	车辆机动性,对于未来绿色城市的需求(零排放城市)加以调整
绿色环保经济学	车辆机动性同时满足健康、感性的生活方式 移动解决方案要求既环保,又对消费者具有可持续性
新奢侈品	提高生活质量的产品。然而,有远离声望和地位对象的趋势
简化	简化、节省时间、简单、技术流程的隐蔽性
深度支持	满足个人需求的支持服务。微观服务的基础设施,有助于在家庭和工作之间安排生活
便宜别致	经济实惠的"聪明"产品,但仍满足独家、设计和豪华的期望

注:资料来自 Winkelhake(2017)的文献(第 80 页)。

2. 了解竞争:竞争环境正在改变

作为数字化转型的结果,现有企业不仅需要以新的方式面对汽车行业的竞争对手,还必须面对汽车行业之外的新竞争对手;后者试图吸引走自己的客户

(Jansson 和 Andervin，2018)。

在上一章中，我们指出了在汽车行业中，平台的广泛使用如何改变了竞争，改变了公司之间和公司与客户之间的关系。直到 21 世纪初，同类公司（基本上是组装商）之间的竞争有一个稳定的边界线。尽管具有不同的特征，竞争的公司都基于大批量的策略，有些采用高级产品策略，有些采用利基策略。这些公司都有类似的商业模式，以资本密集型的方式购买工厂并投资于研发，追求以规模经济（和范围）为基础的效率，将从供应商处获得的产品进行组装，以及通过经销商网络将最终产品交付给消费者。

表 19-2 总结了在数字革命下公司之间的竞争关系。单个行业中的竞争变少，而不同行业之间的竞争增多。一些公司在某些领域相互竞争，在其他领域则是合作伙伴（竞合）。

Rogers 确定了从模拟时代到数字时代的过程中，战略假设发生的如下一系列竞争变化：①从在明确定义的边界内的竞争到跨行业的多孔边界竞争；②从明确区分合作伙伴和竞争对手到笼统区分合作伙伴和竞争对手；③从零和博弈的竞争到竞争对手在关键领域的合作；④从战略资产在公司内部持有到将战略资产分布于外部网络；⑤从产品功能和优势的独特性到与合作伙伴获得平台收益；⑥从几个在单个行业中占主导地位的公司到以网络效应为基础赢得一切的胜利者 (Rogers, 2016)。

价值链和波特（Porter）的五力模型基于汽车行业的明确界定的界线，在经济领域的分析中已成为惯例。如今，数字技术正在消除这些边界或使其更具渗透性。

2001 年，波特修改了五力模型，把互联网考虑进来。表 19-2 总结了主要影响⊖。

⊖ 波特认为，互联网最重要的影响在于买家的议价能力。买方权力的提高对于 B2C 和 B2B 都很重要。B2C 具有更大的能力在购买前比较价格并评估产品。对 B2B 而言，对于直接联系和在线拍卖方面，影响甚至更为深远。总体影响是使价格下降，尤其是对大批量低价产品而言。

表 19 – 2　波特的五力模型和互联网效应

五力模型	互联网效应
买家的议价能力	在线购买者的权力不断增强。他们拥有更广泛的选择,同时因为客户的知识增加和价格透明度增强,价格可能会被迫下调
供应商的议价能力	当组织购买时,供应商的讨价还价能力有所降低。这是因为,由于电子采购和电子市场,存在更多的选择和更多的商品
替代产品和服务的威胁	由于新的数字产品或扩展产品可以很容易地引入,替代品是一个重大威胁
进入壁垒	进入壁垒降低使新的竞争对手有更多机会。对于传统上要求在商业街或流动的销售人员的零售商或服务业更是如此
现有竞争对手之间的竞争	互联网促进商品化,使得产品难以区分。由于产品生命周期下降,以及新产品从设计到交付的时间缩短,竞争变得更加激烈

注:资料来自 Porter(2001)、Porter 和 Heppelmann(2014)及 Chaffey 和 Chadwick(2016)的文献。

特斯拉与戴姆勒、宝马和雷克萨斯(丰田)在客运领域展开竞争,其业务模式还包括电池生产部门。因此,有人问:特斯拉是汽车公司还是电池电力汽车公司?我们还不清楚。在 Venkatraman(2017)看来,特斯拉在传统意义上是一家汽车公司,因为它设计和开发汽车,就像通用汽车和福特汽车,但它又不是汽车公司,因为它在家用车库和超级充电站网络提供汽车充电服务(而传统汽车制造商不提供免费汽油)。

苹果和谷歌(双方被每辆网联汽车产生 25GB/h 的宝贵数据所吸引)通过引入自动驾驶汽车,对传统汽车行业构成严重威胁。它们有强大的现金流,因此能构成的威胁巨大。

优步、来福车、滴滴和其他公司的增长基于网络效应。平台价值随着客户使用量而增长。它们不投资购买车队将其出租给需要交通运输的人。这些以软件为动力的竞争对手是向车主提供一个在线平台,允许车主在不用汽车时将车出租给需要用车的出行者。优步和其他公司为消费者提供的价值超过了传统汽车制造商和租赁公司：更优惠的价格和更广泛的地域分布（基于驾驶人数量）。现存企业难以用相同的商业模式做出相应回应，它们在市场上的地位因此被减弱㊀。

（1）营销的新挑战

随着汽车行业竞争环境的变化，营销必须面对新的挑战。这些挑战及其原因总结如下。

1）数字技术削弱了壁垒，这意味着新的竞争对手进入行业比过去更容易（如优步和其他公司在汽车行业中）。许多小公司也进入行业，通常成为初创公司，从而提高了行业的创新率。

2）数字技术从提供产品或服务的公司手中夺走了权力，同时增加了购买者的权力。

3）市场壁垒在削弱、新进入者容易进入行业，都增加了识别新竞争对手威胁的难度。通常，它们来自其他行业，常常让人意想不到，"意识到时为时已晚"。Perkin 和 Abraham（2017）称之为"横向创新"：博世正在发展用于城市交通的数字服务，从而与它的一些汽车制造商客户产生竞争。2018 年，该公司在德国推出了电动货车共享服务，扩展了按分钟计费的汽车租赁服务。据博世估计，电动货车共享服务具有很大的增长潜力。

4）历史表明，技术处于深刻变革中（如现在正发生的向数字化转型），竞

㊀ Rogers 区分了对称竞争和非对称竞争。对称竞争者为客户提供类似的价值主张。例如，宝马、戴姆勒和其他制造商拥有不同的品牌，满足不同的驾驶人，但它们提供的私家车拥有权或租赁业务具有相似的特征。对称竞争对手采用相同的商业模式为客户创造价值。它们可以是大宗产品或精品制造商，规模或大或小，但它们都有供应链、生产工厂和经销商网络（Rogers，2016）。不对称竞争中的对手有很大不同。它们向客户提供类似的价值主张（如出行流动性），但它们的业务模式不同。对于宝马这样的制造商，Rogers 观察到，不对称竞争中的竞争对手可能是像 Uber 这样的拼车服务，因为自从 Uber 可以满足客户的运输要求以来，车辆的购买数量更少。

争者（而不是现存者）拥有经济优势。尽管一开始，它们的产量很低，仍然无法依靠大规模经济，竞争者通常会导致老企业的衰落（这些"长期幸存者"依然依赖原有的营销策略）。汽车行业市场营销策略的发展证实了这一主张。"从长远来看，市场总是赢家"（Foster，1986；Foster 和 Kaplan，2011）。

如果试图预测营销策略在汽车行业中的走向，必须谨记我们面临的可能是彻底的创新，而不是过去的增量式进步（如果电动汽车、自动驾驶和约车服务同时达到"近乎完美"，情况将发生颠覆性的变化）。

正如 Foster 和 Kaplan 回顾的那样，相较于其他行业，汽车行业的变革速度非常迟缓。生产过程中的创新是增量式的，没有任何重大的冲击。70 年以来，制造商将原材料转化为最终产品，谨慎地控制成本，寻求并实现了巨大的规模经济。它们的生产过程和产品配置一直保持基本不变。生产工厂的结构和功能也无变化。产品通过相同的分销渠道销售。增量式创新并未质疑业务模式的合理性。

> 博世希望避免与传统汽车制造商在汽车制造等领域产生竞争，以免与购买其组件和系统的客户疏远。在软件公司等新竞争对手的推动下，汽车供应商和汽车制造商都试图在智能手机的出行业务上占据一席之地，以此作为自动驾驶出租车车队管理的初步行动。"自动驾驶汽车会使汽车制造商和软件公司进入不用支付驾驶人费用的约车业务。博世已经与梅赛德斯－奔驰合作开发自动驾驶汽车"。资料来源："Bosch will launch electric van-sharing service to compete with automakers"，*Automotive News*，2018 年 10 月 9 日。

（2）特斯拉的竞争对手正在赶来

长期以来，特斯拉主导了插电式电动汽车市场，在价格 60000 美元起的市场上几乎没有直接竞争对手。这也要归因于优厚的税收补贴。同时代的大多数电动汽车几乎无法达到一次充电续驶 100mile 的能力。直到通用雪佛兰 Bolt 的出现，它一次充电可续驶 200mile 以上。在此之前的好日子已经终结。

2020 年前，对买家而言，电动汽车的竞争变得更加激烈。当特斯拉的销量达到了 20 万辆的销售门槛时，联邦电动汽车抵免额度开始逐步取消。联邦税对特斯拉的优惠倾斜也逐渐减弱。同时,来自欧洲资金雄厚的汽车制造商投放了数个精心设计的豪华车加入竞争。高端欧洲汽车制造商的车型包括保时捷的 Taycan、奥迪的 e-tron 及梅赛德斯-奔驰的 EQ 系列。2018 年,捷豹开始交付其全电动 I-Pace 车型,其基本款价格与特斯拉的轿车(Model S)和运动型多用途汽车(Model X)基本相当。捷豹的 I-Pace 具有豪华、赛车特性和工程优势。

欧洲顶级汽车制造商在高端价位细分市场上与特斯拉的电动汽车(Model S)进行竞争。同时,大众汽车占据了低价位市场(特斯拉的 Model 3)。大众汽车计划全线向市场投放 50 款车型,其中包括大众、西雅特和斯柯达等大众品牌。这一全球最大的汽车制造商计划利用大规模生产提供比特斯拉等竞争对手更便宜的电动汽车。尤其是,德国品牌集团计划为其全电动 ID 系列汽车中增添一款售价约为 18000 欧元(21000 美元)的超紧凑车型。

3. 了解业务:公司环境正在改变

由于上述趋势,公司环境正在发生深刻的变化。在数字化转型推动的变化中,就重要性而言,有些方面脱颖而出:①随着连接设备和服务数量的持续增加,它们生成的数据呈指数级增长(大数据);②竞争优势的性质发生变化;③不断适应价值主张的需求增加;④对新型组织结构和文化的需要不断增加。

(1)大数据

甚至连数据也具有新的价值。如今,汽车行业将数据视为比过去更好的资产,寻求更高效、更快速地从数据中获取有用信息。

过去,数据在公司内部生成,理解、测量和评估都需要成本。产生的数据用于分析、比较、管理和预测。最重要的数据包括:①生产和分销成本数据,用于提供价格基础、评估效率及评估新产品启动项目;②关于库存和销售情况的数据;③获取知识的成本效益比数据。这些数据关注组织内部,其他数据则旨在评估公司外部环境趋势的影响(经济、社会、法律和技术)。

如今,技术使收集大量数据变得更加容易,使得报告数据更容易并减小出错的风险。数据包括有关客户行为预期和潜在客户的数据,有关广告和可见性测试的数据，用于了解哪些提案可以最有效地满足特定受众特定目标客户的期望的数据，以及有关调查回访的数据。甚至客户关系管理工具也可提供大量数据。

更大量的数据在公司外部产生（如彭博有限合伙企业生成的经济学、人口统计等数据）。它们的获取相对简单，问题是如何从大量可用数据中提取有用的信息。竞争优势可以从提取趋势和确定可能目标客户中获得（McGrath，2013）。

虽然公司内部收集和处理数据都有一个既定目标（哪些数据和应用目的）、系统流程及结构。这些是从外部获取的数据所不具备的。因此，需要使用工具来分析和提取管理层需要的数据（Leal-Millán 等，2016）。人工智能（Artificial Intelligence，AI）的发展使得模式和趋势的提取比过去容易得多。

使用机器学习（machine learning）进行大数据开发。据 Simoudis 所述，机器智能（作者更喜欢机器学习这一说法）是开发自动驾驶汽车和下一代移动解决方案的大数据的关键（Simoudis，2017）。机器智能是人工智能的一部分。一些程序和方法能使计算机获得新的功能，并不需要显式编程。但该功能还"仅限于接触新数据"。谷歌、特斯拉和优步已经"开始从它们操作的车辆传感器中获取实时数据"。

正如 Simoudis 所述，在数据应用方面，机器智能可以用来：①预测在无人驾驶车辆附近的其他车辆及行人的行为；②对车辆及其乘客有"完全的了解"；③提高"车辆使用经济性"的质量，这对于车队管理公司特别有用；④为乘客和驾驶人提供"个人交通体验"。

特斯拉正颠覆性地使用大数据。例如，每个车辆配备的传感装置用来分析整个车队的使用规律，发现撞车事故，并确定车辆的维护需求。通过自动驾驶仪收集的大量数据，特斯拉正在创建它自己的、自动驾驶所需的高清地图。优步实质上也是大数据公司。除了获得微软的地图资产和专有技术外，它在开发高清地图方面投入了大量资金。

（2）改变竞争优势的性质

数字化转型的另一个影响是竞争优势性质的改变（Porter 和 Heppelmann，2014）。Rita Gunther McGrath（2013）在《竞争优势的终结》（*The End of Competitive Advantage*）一书中指出，现在是超越"可持续优势"概念的时候了。

McGrath 研究得出了这一结论。该项研究考察了一些被挑选的公司。它们的市值超过 10 亿美元，且在 2000—2009 年净收入实现了 5% 的增长，而全球国内生产总值（GDP 的增长率则低于 5%）。只有 10 家公司被选入这项研究。

深入研究它们的策略后，McGrath 为现在正面临数字化转型的公司总结了一些有益的经验，使它们避免陷于"被困在缺乏竞争力的业务"中的风险。这些有益的经验包括：①不断重新配置产品和策略（实现稳定性和敏捷性之间的平衡）；②不要无限期地维护不断降低的竞争优势（健康脱离）；③将资源导向能直接确保组织敏捷性和灵活性的方面（利用当地资源促进灵活性）；④从情景式创新转向持续、系统的创新（公司面对短暂优势的领导力和心态）。

波士顿咨询公司（BCG）提出了类似的考虑和建议。BCG 再次采用 20 世纪 60 年代的四象限矩阵，结合数字化转型的特性，将此方法进行重组来研究数字化转型产生的影响。得出的结论是公司必须不断地重新考虑其竞争优势，加快将资源从一项业务转移到另一项业务，缩短所需的时间（如同经典模型，有许多业务），并从业务矩阵的一个象限到另一个象限逐步分析。这项研究（比较了 2008—2012 年）揭示多年来，业务在矩阵象限间的移动加快，各象限之间的分布不断变化。与经典模型不同，它最显著的结论表明，公司处于剧烈变化阶段时，摇钱树（现金牛）的利润占比较低。

（3）需要不断适应价值主张

营销管理的最终目标是为客户创造价值。在数字技术不断进步的压力下，潜在客户认为有价值的事物经常而且迅速地发生变化。未来的挑战是竞争者认为价值经常快速地变化，同时竞争者不断地想出新方法，来满足不断变化的期望。

在汽车行业中，我们已经很多次见到汽车公司彻底丧失了竞争能力，甚至失败。原因是这些公司始终坚持向客户提供过去为它们带来成功的产品或服务，从而忽略了需求的发展。数字技术带来的加速变化迫使公司不得不持续调整其价值主张，即"它们如何为客户服务，它们遵守什么期望，最后交付什么样的价值"（Rogers，2016）。

营销管理最有效的对策是将消费者的期望放在中心关注点，即采用所谓的"消费者中心态度"迅速锁定出现的机会，并不断调整公司提供的价值。通过对价值主张进行新的配置，有可能确定新的潜在客户，以及现有的产品和服务的新应用。

为了更好地理解价值主张这一战略概念，Rogers 建议将它与四种最常见的市场价值的解释相比较（Rogers，2016）。这四个战略概念是产品、客户、用例和要做的工作。作者接着以汽车行业为例，演示说明如何将这些战略概念应用到决策和计划中，如何让其价值主张来帮助企业"面对和适应众多的挑战，调整和发展面向客户的价值，以响应由技术带来的不断变化的需求和新机遇"。

（4）新的组织结构和文化

为了确保数字化转型产生深远的影响并消除阻力，那些并非"天生数字化"的公司组织也需要改变。许多专家认为，层级结构和传统价值观不适合向"数字文化"迈进。

在 *Harvard Business* 上发表的题为"破解变革准则（Cracking the Code of Change）"的评论中，Beer 和 Nohria（2000）回顾了许多针对改变企业文化失败的尝试，分析了"每一个业务转型运作的独特性"。进而他们确定了变化的两种原型，或称为理论。对于如何和为什么进行改变，这两种原型有不同的假设。理论 E 基于经济价值的变化，理论 O 基于组织能力的变化。

两位作者提醒，这两种理论都有效，都可以在某种程度上实现一些管理目标，但都"经常有出乎意料的"成本。理论 E 变化策略获得专业媒体的称号。它采取"硬"方法，利用经济激励措施来实现目标，进行大幅度淘汰，缩小规模和重组企业。股东价值被认为是成功的唯一标志。另一方面，理论 O 采取"软"方法。如果将股东价值最大化作为主要目标，那么组织将会受到威胁。通过"个人和组织学习"发展企业文化来实现所需变化。为了展示理论 E 和理论 O 的不同之处，Beer 和 Nohria 基于公司变革的六个维度进行了比较：目标、领导力、重点、过程、奖励制度及聘请顾问。

本书对两种理论不做详述，但分析表明理论 O 最适合促进组织（公司）向"数字文化"转变。它基于组织能力的发展，鼓励从下至上的参与，进行实验和发展，着重于员工的行为和态度。公司通过赋予员工更多的自主权、更少的领导干预及允许失败来取得成功。

在这些公司中，与初创公司合作或收购初创公司被认为是加速"数字文化"的一种方式。向新文化转变的过程并不简单。每个制造商都有自己的规划。博世作为迅速适应数字时代的公司，采取了"由内而外、由外及内"的方法来培养新思想。为了实现过渡并加速创新，汽车供应商都在员工队伍内拓展创新文化，提倡以客户为中心的创新[1]。

为了巩固"数字文化"，供应链的每个环节都需要做出改变。戴姆勒采用的方法是寻求建立由较小的合作伙伴和供应商组成的新结构，来应对更复杂的车辆技术及来自谷歌、优步和苹果等公司的更大的挑战[2]。

4. 漫漫长路

"我们总是高估未来两年内将发生的变化，却又对接下来 10 年将发生的变化估计不足。不要让自己陷入无所作为之中"，比尔·盖茨这样说。

既然汽车已成为智能设备，成熟的汽车制造商能够在行业的经济价值中占有多大份额？这是很多制造商扪心自问的问题。

变革的许多因素都在给汽车行业施加压力。这些因素都很强大，并未充分展示它们的影响。尽管如此，汽车行业无疑将在未来几年发生持续的巨大改变。在10 年之内，需求、竞争结构和所涉及的参与者极有可能与今天大不相同。

历史告诉我们，汽车企业反应迟缓，但屡次都能成功地面对来自环境的威胁

---

[1] Straub 首席财务官 Robert Bosch 说："我们必须提高创新速度，并从一开始就以客户为中心"。"这不是对初创公司进行收购，而是合作。我们共同开发，签署研发协议，并经常进行指导"。我们研究从构思到业务扩展的所有内容，鼓励团队尝试各种想法，不要害怕失败和挫折。我们希望它们尽早学会失败，付出最小的代价。博世也正在向外发展，通过黑客马拉松和加速器与初创公司、老牌公司、大学建立伙伴关系，以开发新产品并利用新兴技术。资料来源：*Automotive news*，2018 年 7 月 31 日。

[2] 戴姆勒公司数字汽车和出行服务部副总裁 Sajjad Khan 称，"我们必须谈及伙伴和供应商的新型关系。现今，我们不得不应对敏捷的初创公司、小型软件驱动公司，甚至具有创新思想的个人"。"戴姆勒着眼于初创企业和小型供应商，寻求创新"。资料来源：*Automotive News*，2017 年 1 月 3 日。

（例如，从 1970 年开始的汽油价格飙升和 2008 年的金融危机）。有些公司被迫放弃（如萨博、菲斯克）或被更大的集团（沃尔沃、罗孚集团及其捷豹和路虎品牌）收购。那些幸存并走向繁荣的公司，都遵循一个关键规则：灵活性。这意味着，它们时刻准备改变它们的商业模式。那些失败的公司，没有听取消费者的声音，或没有关注所处环境趋势的变化。知名汽车制造商将其在组织结构上的优势，构建于已经具备数十年的产品开发经验、产品本身的"主要设计"的稳定性及已建立的经销商的稳定性网络上。这些优势弥补了大型组织在适应环境变化和充分理解现有威胁的程度方面的传统僵化。

着眼于非常艰难的未来。这次的情况有所不同。行业产生的产品周期持续 3~5 年，常处于平均部门盈利的最低水平。对它们来讲，数字化转型正产生一系列影响：新的精益生产、面临来自其他行业的竞争对手、激烈的竞争和客户购买行为的改变。为了生存，汽车制造商需要向数字化转型。但是，在具有不确定性及缺乏清晰结构的情况下，很难做出应有的数字化计划。缺乏完美的远见，主流汽车制造商转向那些久经考验的原则或规则：迎接变化并同时提高现有方法的效率（例如，大众已经加快了它的边缘产业链，从 2018 年的 4% 到 2022 年的 6%）（Winkelhake，2017）。对此，营销管理要注意观察以下四个关键因素：

（1）需求的复杂性和多样性

全球范围内，随着平均收入上升，人们的出行需求增加，对汽车的需求也随之增加。在未来几年，汽车产量将毫无疑问地超过 2018 年的 1 亿辆。虽然不是每个人都可以分享世界上最大的财富，但今天有更多的人拥有高于历史上任何时期的生活水平。尽管存在经济衰退期，但财富继续以前所未有的速度增长。不过，其发展趋势取决于地理区域和平均收入水平。

1）在工业化国家，数字化转型带来了需求的结构性变化。这些变化并非来自临时因素。汽车生产即将达到"高峰汽车时代"，增长即将停止。汽车行业正在加速朝着这一刻发展，即私家车在最富裕国家的销售在下降之前已达到平稳状态。比尔·福特（Bill Ford）宣布，"（他的）公司正在为未来做准备，那时汽车销售会更少，人们有途径使用更广泛的出行方案"。

居住在大城市中的世界人口的比例正在迅速增长，这对私家车的拥有和驾驶会产生重大影响。在工业化国家的城市地区，由于交通拥堵，许多政府对汽车使用进行了限制。因此人们对出行服务的需求正在增加，特别是年轻人。拥有私家车已经部分被约车服务和共享汽车所替代。很多人都认为，目前私家车大部分时间停放闲置，随着城市面积的增加，这种模式不具有可持续性。

2）在新兴国家，拥有私家车仍然是主要的购车动力，其情形就像工业化国家的大城市以外的地区。中国和印度正在采取不同的发展轨迹，但都受困于交通拥堵和超大城市（人口超过1000万的城市）的环境污染。

3）面对复杂多样的需求，在全球拥有大量业务的公司必须采用多种业务模式和营销管理模型。人们已经接受了全球营销管理（针对不同地理区域市场采取相同策略）的概念。但是，数字化转型却加大了不同国家市场间的差异。

（2）价值正在从硬件迁移到软件

除了传统竞争者，汽车行业的老牌汽车制造商还必须面对来自非传统参与者的竞争。包括拥有大量资源的竞争对手（如苹果、亚马逊和谷歌）及具有精益资源并且不受大型资产拖累的竞争对手（如优步、来福车、滴滴）。它们通过引入新技术、新产品或服务，尤其是新的商业模式，寻求颠覆汽车行业的商业模式。

汽车生产创造的部分价值，已经从机械转移到软件方面，并且这一趋势正在加速；摩根斯坦利预测对于自动驾驶汽车，40%的汽车价值来自于硬件，40%来自软件，20%来自流入车辆的内容（广告、新闻、游戏、诸如餐厅预订等）。在软件方面，苹果和谷歌与成熟的汽车制造商相比具有很大的优势。Waymo于2018年12月在亚利桑那州推出了自动驾驶出租车（robotaxi）服务。

（3）与商业模式处于十字路口

老牌企业通过接纳的方式来回应新需求和新竞争。它们大多数结合了传统的"更多以车辆为导向"的业务与新的"更多以移动性服务为导向"的业务。如果汽车制造商在多个地域市场中存在（工业化和非工业化），它们必须维护两种业务模型，从而存在组织上和决策上的困难。

在工业化国家中，竞争不仅涉及传统产品（内燃机汽车）市场，也涉及新型市场：移动服务、连接服务、自动驾驶汽车和电动汽车。这需要管理多种业务模式。在大多数情况下，这些业务模式只能在长期内获利，同时（在工业化国家的市场中）传统业务销售额（内燃机汽车）将下降。随着汽车驾驶人从拥有汽车所有权转移到接受服务（主要是约车和汽车共享），销售收入下降已不可避免。人们对于自动驾驶出租车和汽车共享的需求，可能会超过对私家车的需求，但需要多长时间尚不清楚。一般认为，如果这种情况发生，内燃机汽车需求将会很快下降。在突破点到来之前，专家预计内燃机汽车的价格将承受巨大压力。因为生产力增加，个人买家大部分被车队买家取代，后者可以获得较低的价格。

（4）波动将继续存在

在数字化转型的压力下，成熟的汽车制造商必须做出广泛调整，以制定相应的营销政策和策略。它们必须维护"旧的"业务市场，并打开新的业务市场。在技术创新驱动的强劲增长阶段，观察像SWOT这样的旧工具如何保持效率是件有趣的事情。存在什么机会？有什么威胁？有什么优点？有什么弱点？了解我们前进的方向和保持灵活性，从品牌定位到市场细分，是7P的诀窍。

在 *Differentiate or Die：Survival in Our Era of Killer Competition* 一书中，Jack Trout 写道，在品牌定位中，与众不同意味着"在客户的心中把自己区分开来"，并充分说明了"为客户的思想而战"的困难性（Jack Trout，2008）。

我们能感受到，面对数字化转型，市场营销管理上有很多困难。这些困难会被放大和扩展，如果"在数字经济中，客户有动力及能力进行评估，甚至仔细研究任何公司的品牌定位承诺"。这正是 Kotler 等人（2017）所观察到的。品牌的作用很小，尤其是在出行服务中。

高档汽车制造商，尤其是奥迪、宝马和梅赛德斯-奔驰等德国品牌，拥有丰富的资源、历史和经验来肯定自己的品牌。对于批量生产制造商（低端），这将是一项毫无希望的任务，因为它们已接近商品化。即使是高端品牌，未来也很困难。它们的声誉建立在卓越的工程技术、内燃机、驾驶乐趣上。发生中的变革正威胁这些优势。电动机很大程度已被标准化，无法获得与内燃机相同的好评。当汽车自动驾驶时，电动机不太可能为驾驶人提供与过去相同的乐趣。宝马在广告中宣传其产品为"终极驾驶机器"。宝马必须改变自己的理念。

德国制造商回答说，发动机只是平稳的悬架、出色的内饰、高水平设计等整车的一部分。宝马坚信使用电动机，通过很好的电子化管理，即使驾驶人心不在焉，也有可能得到更好的驾驶体验。宝马一直在制造自己的电动机。

在电动出行领域，一些成熟的制造商已经明确了产品的定位。日产–雷诺首先推出了 Leaf。沃尔沃已宣布从 2020 年开始，所有新车产品都将是电动汽车。保时捷和玛莎拉蒂也都宣布生产电动汽车。成熟的汽车公司将能够在电动汽车市场树立自己的品牌。

但是，考虑到城市短途交通的特性，要在交通移动服务领域确立自身地位不是件容易的事情。戴姆勒推出 Car2Go，宝马推出 Drive Now，大众汽车推出 MOIA，它们已在这些服务中展示了自己的品牌。即使是初创公司（优步、来福车），在移动服务中建立客户忠诚度也是一项艰巨的任务。但是，它们有实现精益瘦身的优势，能够轻松提供多种移动性服务而不损害自己的形象（这是汽车制造商需要承担的风险）。优步开始计划变成一站式商店，提供包括汽车、自行车、火车和公共汽车的任何交通方式。优步和来福车已在许多城市拥有自己的踏板车（scooter）车队。它们的成功突显了电动踏板车（和共享单车租赁）能逐渐减少租车预约服务，缩短在城市中心的出行时间。

在网联服务中，同成熟的制造商相比，第三方运营商具有优势。因为它们在创造和更新服务内容上具有更大的灵活性。最后，那些控制软件公司（苹果和谷歌）也在无人驾驶行业占主导地位。正如我们在前几章中提到的，它们放弃成为汽车制造商，但通过提供移动性，可能会获得创造的大部分价值。

1）市场细分。市场细分也非常复杂，汽车制造商面临困难的选择。除了传统的市场细分标准外，还要考虑对车辆类型、自动驾驶类型、出行服务的偏好，而且必须把电动汽车包括在内。对于面向全球的汽车制造商，细分变得更加复杂。事实上，每个大型地理区域都遵循自己的方法。在中国，对内燃机汽车的限制非常严格；而在印度，它们仅在某些大城市中很小的区域里受限。中国在电动汽车方面处于领先地位；而在印度，电动汽车几乎不存在。

Winkelhake（2017）提出了一种细分形式，将北美自由贸易协议、欧盟与工业化的东亚市场及金砖四国（巴西、俄罗斯、印度和中国）结合在一起。然后，将北美自由贸易协议、欧盟和工业化的东亚市场就出行消费方面分成不同类型：绿色出行者。其中包括高频通勤者自驾爱好者、家庭出行者和低端用户。前三个细分市场的总和约占市场的75%。绿色出行者对具有最先进的低排放技术的小型车和电动汽车特别感兴趣。高频通勤者是日常通勤者。购车时，他们对安全、效率和可靠性尤为感兴趣。金砖四国的汽车市场差异不大，主要分为初级细分市场（首次购车者）和智能细分市场（二次购车者）。

2) 7P的新角色。第17章已经提到了适应7P的诸多困难。数字化转型加强了数据分析，并可以更好地了解客户的需求和期望。新产品可以从创造开发中产生，也可以从现有产品上进行扩展（关注消费者的生态系统），以获得个性化的产品。在定价方面，也为客户提供了更大的透明度和优势。关于分销，数字转换导致经过经销商的销量下降，增加了通过网络的低价车辆的销量。但是，这不适用于高档车辆的销售。面临数字化转型的挑战，汽车制造商必须采用多渠道的分销方式（即通过经销商、直接通过互联网或商业平台）。它们必须注意销售方式和销售量的变化。除汽车销售外，连接服务和数字服务的销售结构也需要改变。

"销售出行服务与销售车辆有何不同？"对于这个问题，标致雪铁龙集团（PSA）的新移动部门负责人回答道："我们正处于一个全新的商业环境。出行服务意味着全天24小时、一周7天的客户关系，意味着能给要求苛刻的客户提供全天候的服务。"⊖

参考文献

Beer M, Nohria N (2000) Cracking the code of change. HBR's 10 must reads on change. 78 (3):133-141.

Chaffey D, Chadwick E (2016) Digital marketing: Strategy, implementation and practice. Pearson Dodson I (2016) The art of digital marketing. Wiley.

Foster R (1986) Innovation: the attacker's advantage. McKinsey & Co.

Foster R, Kaplan S (2011) Creative destruction: why companies that are built to last underperform

---

⊖ "PSA exec outlines risks and rewards from leap into mobility services"。*Global Monthly*，2017年9月。

the market-and how to successfully transform them. Crown Business.

Jansson J, Andervin M (2018) Leading digital transformation. DigJourney Publishing.

Kotler P, Kartayama H, Setiawan I (2017) Marketing 4.0: Moving from traditional to digital. Wiley.

Leal-Millán A, Roldán JL, Leal-Rodríguez AL, Ortega-Gutiérrez J (2016) IT and relationship learning in networks as drivers of green innovation and customer capital: evidence from the automobile sector. Journal of Knowledge Management 20 (3): 444–464.

McGrath RG (2013) The end of competitive advantage. Harvard Business School Press.

Porter ME (2001) Strategy and the internet. Harvard Bus Rev 62–78.

Porter ME, Heppelmann JE (2014) How smart, connected products are transforming competition. Harvard Bus Rev 92 (11): 64–88.

Perkin N, Abraham P (2017) Building the agile business through digital transformation. Kogan Page Publishers.

Rogers DL (2016) The digital transformation playbook. Columbia Business School.

Ryan D (2015) Understanding digital marketing: marketing strategies for engaging the digital generation. Kogan Page.

Simoudis E (2017) The big data opportunity in our driverless future. Corporate Innovators.

Trout J (2008) Differentiate or die: Survival in our era of killer competition. Wiley.

Venkatraman V (2017) The digital matrix: New rules for business transformation through technology. LifeThree Media.

Winkelhake U (2017) The digital transformation of the automotive industry. Springer.